어린이교육의 기본 바로 알기 시리즈 ⑥

유아평가 자료를 활용한

학부모와 소통하기

김정례·최진숙·이성희

대한어린이교육협회 창지사

머 리 말

최근 신문지상에 오르내리거나 학부모와 야기된 현장의 민원들을 자세히 들여다 보면 교사와 학부모 간에 작은 오해가 큰 사건으로 확대되는 경우를 종종 볼 수 있습니다. 교직사회뿐만 아니라 시대적으로 소통이 화두인 요즈음, 교사들은 다시 한번 학부모와 마음을 나누는 지혜로운 소통에 대한 노하우를 키워나가야 할 필요성을 느끼게 됩니다.

학부모와 교사들은 유아의 올바른 성장과 발달을 위해 긍정적인 소통을 필요로 하고 있습니다. 유아교육기관에서는 유아를 그 중심에 두고 소통이 이루어져야 하며, 그러기 위해서는 유아에 대한 올바른 이해가 선행되어야 합니다. 유아에 대한 올바른 이해를 위해서는 가정과의 긴밀한 연계를 통해 유아 개개인의 특성을 이해하고, 이를 기반으로 유아의 전반적인 발달 수준과 특성을 객관적으로 판단해야 합니다. 그러나 교사에게 주어진 업무의 양이 많아서 수업과 평가를 균형 있게 실시하기에는 현실적으로 많은 무리가 따르는 것 또한 사실입니다. 그럼에도 불구하고 교사는 자신이 담당하고 있는 모든 유아를 올바르게 평가하여 인성, 감성, 지성, 건강이 균형을 이룬 전인교육을 이루어야 한다고 생각합니다.

유아교육의 전반적인 활동을 이끌고 수업의 질을 높이는 데 중요한 역할을 하는 것이 유아를 올바르게 평가하여 개별 유아의 성장과 발달을 지원해야 한다는 것을 알고는 있지만, 실제 교육현장에서는 유아 평가를 위한 체계적인 계획과 실천에 소극적인 모습을 보이고 있습니다. 교사의 역할이 중요하지 않은 것이 없지만 다른 무엇보다도 유아를 올바르게 관찰하고 평가할 수 있는 평가자로서의 교사 역할에 더욱 적극적이어야 교육의 효과를 극대화할 수 있습니다. 그리고 한 걸음 더 나아가 학부모와 소통하기가 잘 이루어진다면 유아에 대한 적절한 지원이 이루어질 것이며, 이를 통해 교사의 전문성 신장은 물론, 학부모의 유아교육에 대한 관심과 이해를 높여 궁극적으로 유아교육의 질을 높이는 데 기여할 수 있을 것이라고 믿습니다.

교원이라면 누구나 '학부모와 소통하기'는 어떻게 이루어지는 것이 바람직할까? 라는 질문을 한 번쯤은 해 보았을 것입니다. 모두 소통의 중요성은 인지하고 있으나 실천은 생각처럼 이루어지고 있지 않은 것이 우리의 현실입니다. 이에 학부모가 가장 관심을 갖는 부분이 자녀의 평가 부분인 점에 착안하여 유아평가 자료를 활용하여 학부모와 소통하기를 실행하였습니다. 그 결과 유아평가 자료의 적절한 활용은 학부모와 긴밀한 소통의 통로이자 적절한 도구가 됨을 확인하였습니다. 구체적으로 학부모와 소통을 위한 평가계획을 세우고, 월별 실천을 해나가며 학부모님과 유아를 보는 견해 차이로 인한 갈등이 자연스럽게 해소되고, 교사의 교육적 의도를 충분히 이해하고 지원하는 등 학부모의 유치원에 대한 이해의 폭이 넓어지고, 교사에 대한 믿음과 신뢰 형성은 물론 전문가로 거듭나는 교사 자신의 자긍심을 느낄 수 있는 소중한 시간들이었습니다.

학부모와의 적극적인 소통이 이루어지므로 그 어느 해보다도 학부모의 적극적인 지원과 참여가 이루어져 교육적 성과를 거두었다는 자부심과 바람직한 모습으로 성장한 아이들을 보며 가슴이 뭉클해 옵니다. 교사들은 보람을 느끼며 행복해하고 노심초사하던 학부모는 기관에 무한한 신뢰를 보내는 모습에 우리기관은 신바람이 났습니다.

이 책은 학부모와 어떤 방법으로 소통을 해야 유아에게 좀 더 도움이 될까를 연구하고 실천한 동백유치원의 1년간 현장사례입니다. 이 모든 것을 함께해 온 교직원들과 학부모님 모두에게 깊은 감사를 드립니다.

이 책에 소개한 내용으로 평가와 소통의 모든 것을 담을 수는 없었으나, 동백유치원 교직원 모두가 힘을 합하여 유아평가에 최선을 다한 결과를 모아 학부모와 소통의 자료로 활용한 내용이라는 것을 강조하고 싶습니다. 모쪼록 학부모와의 효율적인 소통으로 유아가 즐겁게 마음껏 끼를 발휘하며 전인으로 성장해 갈 수 있기를 기대합니다.

2015년 8월

저자 일동

학부모와
소통하기

차 례

학부모와 소통하기

I. 소통 계획 세우기

1. 소통의 중요성

21세기는 소통이 화두다. 소통은 이 시대 리더십의 핵심이기도 하다. 소통의 사전적 의미는 '뜻이 서로 통하여 오해가 없음'이다(네이버 국어사전, 2015). 뜻이 서로 통하여 오해가 없으려면 상대를 배려하며 진심을 다해야 한다. 배려는 상대를 생각하는 마음이며 상대를 배려하기 위해서는 상대방의 요구를 민감하게 인식하는 것에서 출발한다. 소통을 잘하면 마음이 통하고 생각이 통하여 서로를 더 잘 이해하게 된다. 아리스토텔레스는 인간을 '사회적 동물'로 정의했다. '사회적 동물'은 '소통하는 동물'과 맥을 같이한다. 사회는 소통하는 공간이다. 대화를 나누고 생각을 공유하고 마음을 주고받는 공간이다. 인류의 '소통 테크닉'이 다양해지고 세련되어졌다는 뜻이기도 하다. 소통은 상대를 합리적으로 설득하는 테크닉으로 상대의 생각을 존중하고 이해하는 기술이며 서로의 마음을 나누는 노하우다.

자신을 표현하는 데 한계가 있는 유아와 생활하는 유아교육기관에서는 학부모와 소통하는 기회가 다른 연령을 지도하는 교사들에 비해 월등히 많다. 자신을 자유롭게 표현하지 못하는 유아들이기에 학부모와의 소통은 필수 불가결하다. 소통을 통해 가정과 유치원의 일관성 있는 교육이 가능해질 수 있기 때문이다(박찬옥 외, 2013). 학부모와 교육기관 협력의 긍정적 결과는 최적의 유아발달과 교육적 성과를 거둘 수 있다(김희진, 2012). 학부모와 교육기관 간의 관계가 좋을수록 교사의 직무 만족도가 높아지고, 이는 곧 유아의 성장과 발달에 도움을 주게 된다. 현대의 학부모들은 자녀교육에 대한 관심이 지대하며, 올바른 학부모 역할에 대한 정보 및 교육에 대한 많은 요구를 가지고 있으므로 이를 충족할 수 있는 소통은 매우 중요한 역할을 차지한다.

최근에 발생한 유아교육기관에서의 불미스러운 사건으로 인해 학부모님의 우려와 관심은 이미 도를 넘어선 상황이다. 더구나 지극히 개인적인 요구를 거침없이 표현하는 요즈음 학부모님의 요구를 수용해 줄 수밖에 없는 상황이기에 소통을 하는 것에 있어서 유아교육기관의 고민은 대체로 공통적이지 않을까 생각된다. 이미 시행되고 있는 다양한 정책들로 인해 유아교육기관에서 학부모님들의 의사결정 및 참여가 확대되어 학부모님의 영향력이 증대되었으며, 유아교육기관에서는 유아의 기관 생활 및 교육활동과 관련된 일들을 보다 상세하게 수시로 안내하는 것이 일반화되어 있다.

많은 소통을 하고 있다고 생각하는 유아교육기관의 입장과 더 많은 것을 알고 싶어 하는 학부모님들과 지혜로운 소통이 필요하다는 것에 우리는 많이 공감할 것이다. 소통은 일방적인 과정이 아니라 양방의 상호적인 과정으로 소통이 잘 이루어지기 위해서는 학부모님의 입장에서 생각하려는 감정이입이 중요하다. 감정이입이 잘 되려면 학부모님에 대한 선입견이나 편견이 없어야 한다(강문희 외, 1999). 상대방에 대한 선입견이나 편견을 배제하는 것은 물론, 학부모님의 요구를 먼저 고려하고, 상호 신뢰와 존중 속에 소통이 이루어져야 할 것이다.

유아교육기관에서 실제 일어나는 많은 문제는 작은 오해에서 비롯되는 경우가 많다. 작은 오해는 소통의 부족에서 일어난다. 유아가 행복하게 생활하며 발달에 알맞은 교육을 성취하기 위해 학부모와의 긴밀한 소통은 매우 중요한 역할을 차지한다. 유아교육기관은 유아들을 위해 존재하며 유아들이 안전하고 행복하게 지낼 수 있도록 준비된 공간이다. 학부모가 유아교육기관을 선택하는 기준이 모두 동일하지는 않지만, 유아교육기관에서 유아가 행복하게 생활하며 바람직한 발달을 이루는 공간이라고 생각하는 것에는 대부분 동의할 것이다. 소통은 궁극적으로 유아의 행복과 바람직한 성장과 발달을 위해 이루어져야 하며 소통의 중심에는 유아가 있어야 한다. 유아는 누구나 유아교육기관에서 행복하고 즐겁게 생활하며 원만한 발달을 이루어야 하기 때문이다.

2. 왜 유아 평가를 통한 소통인가?

학부모와 소통의 중요성은 공감하고 있으나 실천은 생각처럼 쉽지 않다. 이러한 소통의 문제를 해결해보고자 우리기관에서는 '유아 평가 자료로 학부모와 소통하기'를 선택했다. 유아 평가와 소통! 두 가지 모두 어려운 과제임이 분명하다. 아직은 시작 단계로 성공을 이야기하기는 조심스럽지만 유아의 성장과 발달을 이해하고, 적절한 지원을 하면서 교사로서의 보람과 전문성이 신장되고 자긍심을 느끼는 한편, 유아교육기관에 대한 신뢰와 자녀의 바람직한 성장에 도움을 받고 변화되는 학부모님들을 보면서 적극적인 실천의 동력이 생겼기 때문이다.

유아교육 현장에서 가장 고민스럽게 생각하는 일은 무엇일까? 교사에게 이러한 물음을 던졌을 때 가장 많은 답변은 유아를 평가하는 일이라고 한다. 수업이나 행정 업무가 아닌 유아 평가에 대한 고민이 더 많다는 것이 새삼스럽거나 놀랍기만 한 것은 아니다. 수업 기술이나 행정업무에 대해서는 그동안 지속적으로 관심을 가지고 연수가 이루어져 실천 방법에 대해 많이 알고 있기 때문이다. 그러나 유아 평가는 이런저런 이유로 우선순위에 밀려 소홀히 하고 있지만 학부모와의 면담, 학급 교육활동 계획 등에 실제 필요한 부분으로 교사 스스로 인식하고 있기 때문이다. 유아 교사로서 유아를 잘 가르치려면 현재 유아를 잘 파악하는 것이 무엇보다도 중요하다는 것은 교육활동을 하면서 매 순간 느끼게 된다. 수업이나 행정업무에 밀려 유아 평가가 지나치게 소홀하게 운영되고 있다는 교사 스스로의 자조 섞인 평가가 이를 입증해주고 있다. 교사들은 유아 평가의 필요성을 느끼고 유아에게 도움이 되는 평가를 실천하고 싶어 한다. 교사로서의 전문성과 자긍심은 물론, 학부모와의 소통에서 가장 핵심이 되는 부분이기 때문이다. 의례적이고 반복적으로 이루어지고 있는 행사 안내나 교육활동 안내만으로는 진정한 소통이 이루어지기에는 한계가 있다는 것을 느끼고 있으며 앞으로는 유아 평가가 더 중요한 부분을 차지할 것이라는 것을 인식하고 있기 때문이다. 학부모와의 소통을 위한 수단으로 교사의 전문성 신장과 유아교육기관에 대한 신뢰라는 두 마리의 토끼를 잡을 수 있는 방법을 고민한 결과 『유아를 중심에 둔, 유아가 가장 큰 수혜자가 될 수 있는 '유아 평가'』가 학부모와 소통을 위한 '소통거리'로 선정되었다. 왜 유아 평가를 통한 소통이었는가를 정리해보면 다음과 같다.

- 현재의 소통 방식에 대한 변화가 필요하였다.
- 유아와 학부모에게 도움이 될 소통이 필요하였다.
- 유아의 성장과 발달에 도움을 줄 소통이 필요하였다.
- 교사의 전문성 신장에 도움을 줄 소통이 필요하였다.
- 학부모의 신뢰를 증진할 수 있는 소통이 필요하였다.
- 유아교육기관의 위상을 높이고 유아교육에 대한 본질적인 접근을 할 수 있는 소통이 필요하였다.
- 유아교육의 효율성을 증진하고 학부모의 인식을 개선할 소통이 필요하였다.
- 교사가 적극성을 가지고 실천할 수 있는 소통이 필요하였다.
- 구체적이고 객관적인 내용을 통한 소통이 필요하였다.
- 학부모의 고민이 해결되고 교사와 학부모 사이에 신뢰가 형성될 수 있는 소통이 필요하였다.
- 날카로운 감시자가 아닌 훌륭한 협력자로 변화될 수 있는 소통이 필요하였다.
- 열린 마음과 비판적인 태도를 가지고 다양한 상황에서 이치와 근거를 찾기 위해 노력하는 소통이 필요하였다.
- 일방적인 전달이 아닌 양방향의 소통이 필요하였다.
- 유아에 대한 종합적이고 객관적인 정보를 바탕으로 한 소통이 필요하였다

3. 소통을 위한 계획 세우기

유아교육기관에서의 소통은 매우 다양하다. 등 · 하원 시의 비형식적인 만남, 참관 수업, 다양한 행사나 학부모교육, 정기적인 면담이나 전화, 홈페이지 및 전자 메일, 가정통신 등을 활용한 형식적인 상호작용 등이 이루어진다. 유아교육기관에서는 학부모님의 요구에 대해 늘 민감하다. 학부모님의 기관 만족도에 대해 조사해 본 결과 가장 낮은 부분이 소통에 대한 부분으로 나타났다. 학부모님들이 가장 선호하는 소통은 전화면담이었으며, 소통하기 원하는 대상은 담임교사였다. 대다수의 학부모님은 전화면담이 준비 없이 손쉽게 이루어지는 면담으로 인식하고 있다. 그러나 전화면담은 시간이 많이 소요되며 맞벌이 가정 자녀의 경우 퇴근시간 이후 이루어져야 한다는 단점이 있다. 전화면담이건 면대면 만남이건 학부모님의 요구에 충족되는 소통을 위해 많은 시간을 할애하면 좋겠지만, 현실적으로 수업을 마치고 난 후 근무 시간 내에 해야 할 일이 많은 교사의 입장에서는 많은 시간을 면담으로 할애한다는 것은 쉬운일이 아니다. 보다 더 많은 소통을 원하는 학부모와 더 이상 시간을 할애하기 어려운 양자 간에는 크고 작은 오해와 갈등이 일어나기도 한다. 이러한 고민을 해결해 보기 위해 교원의 의견을 모아 유아의 행복과 발달을 추구하면서 교사의 전문성을 신장할 수 있는 유아 발달 평가를 활용하여, 학부모와의 주기적인 소통을 계획하였으며 그 내용은 아래와 같다.

1) 전체 교원의 공동사고를 통해 의견 모으기

이상과 현실은 늘 거리가 있다. 이상적으로는 학부모와의 소통은 매우 중요한 일이므로 가장 바람직한 소통을 위해 전심으로 전력을 다해야 하는 것이다. 그러나 현실은 그리 단순하지 않다. 소통을 위해 가장 많은 시간을 할애해야 하는 교사는 매일의 수업을 위해 학급 유아들의 발달 특성과 흥미를 고려하여 교육계획안을 작성하고, 수업에 필요한 자료를 준비하여 좋은 수업을 해야 한다. 이외에도 유아의 안전과 생활지도에 많은 시간을 보내야 하며, 행정업무도 소홀히

해서는 안 된다. 이미 교사의 시간은 수업과 생활지도 행정업무, 행사 등으로 인해 틈을 내기 어려운 것이 교육 현장의 모습이다. 그러나 소통을 위한 주체로서 교사가 능동적으로 참여하지 않는다면 아무리 좋은 소통의 계획일지라도 바람직한 결과를 기대하기는 어렵다. 교사들의 공감대를 이끌어 내는 일은 가장 우선되어야 하며 교사 스스로 능동적이어야 한다. 교사들도 학부모와의 원활한 소통, 신뢰로운 소통을 간절히 원하고 있지만 현실적인 어려움 때문에 망설여 왔기 때문이다. 그러한 교사들에게 소통의 모든 계획을 수립할 것을 요구한다면 시작도 하기 전에 포기하게 될 가능성이 매우 크다. 소통을 잘하고 싶은 교사의 마음을 전제로 실천 가능한 효율적인 소통, 다소 힘이 들더라도 시도해 보고 싶은 소통을 위하여 교직원의 공동사고는 매우 중요한 절차이다. 원장, 원감을 포함하여 교원 모두의 공동 사고를 통하여 수립된 계획은 성공 가능성이 커지게 된다. 현재의 업무가 많아 소통을 위한 노력을 포기하는 것이 아니라 시간을 효율적으로 활용하여 소통을 위한 계획 세우기에 모두가 동참하는 것이 중요하다. 계획은 실천을 전제로 하고 있으며, 계획 수립에서 중요한 것은 실천의 주체인 교사들의 의견이 최대한 반영되어야 한다.

2) 학부모-교사 간 연대와 협력 강화하기

한 학기에 한 번 학부모 면담을 위해 평가가 가장 많이 활용되기는 하지만 평가는 면담 이상의 목적을 위해 활용되는 것이 더 바람직하다(김희진, 2014). 담임교사가 자신의 자녀에 대해 관심을 가지고 있고, 발달과 학습 상황을 정확히 알고 있다는 것을 학부모가 알게 되면, 교사에 대한 학부모의 신뢰가 높아져서 학부모-교사 간 우호적인 관계와 협력이 더욱 증진된다.

3) 실천 가능한 내용으로 구성하기

계획 단계에서는 항상 욕심을 내게 된다. 무리한 계획이나 실천 가능성이 낮은 계획은 중간에 흐지부지하게 되며 좋은 결과를 얻지 못하게 된다. 실천 가능한 유아 평가자료로 소통하기 계획은 유아교육기관의 종합적인 평가 계획과 연계하여 운영하여야 한다. 즉, 유아 평가 계획 속에 포함되어 교육과정 운영 계획 수립 시에 함께 진행되어야 한다는 것이다. 아무리 좋은 계획이라도 실천하지 않는다면 무의미하다. 실천을 위한 방안으로 월중 업무 계획에 명시하고, 매월 진행되는 월중 업무 협의 때 구체적인 실천 내용을 협의하고 반드시 실천에 옮겨야 한다. 따라서 실천하기에 무리가 따르는 과중한 평가가 되지 않도록 유의해야 한다.

4) 매월 학부모와 소통하기

대부분의 유아교육기관에서는 유아 발달 평가를 활용하여 학부모와 소통을 하고 있기는 하다. 시·도 교육청 별로 차이가 있기는 하지만 유아 발달 평가 결과를 정기적으로 가정으로 안내하는 것을 지침으로 정하여 시행하도록 규정을 정해 놓은 곳도 있다. 그러나 교육청에서 제시하는 최소한의 소통에 만족하지 않고 유아교육기관에서 자체적으로 계획하여 수시로 안내하고 있는 사례도 많이 볼 수 있다. 학부모와의 소통을 위해 누리과정 영역별 활동을 기록하여 안내하기도 하고 프로젝트 운영 과정과 내용을 상세히 기록하여 보내기도 한다. 나름대로 유아교육기관의 실정에 따라 운영하며 소통을 잘하기 위해 다양한 방안을 모색하고 있다. 그러면서도 현재 하고 있는 방법이 최선의 소통인지, 보다 더 효율적인 소통은 어떤 것이 있는지 고민을 하게 된다. 소통의 방법과 함께 소통의 주기나 횟수도 고민이 된다. 적절한 간격을 두고 소통을 하여 유아에 대한 학부모의 궁금증을 적절히 해소해 주는 주기로 우리 기관에서는 월 1회 운영을 실천하였다. 매월 동일한 내용의 소통이 아니라 유아 발달에 관한 전반적인 내용으로 소통하기를 권장한다.

5) 학부모의 반응 예상하기

"유아기의 학부모는 자신의 아이를 천재라고 생각한다." 이는 사실이다. 유아교육기관에 다니는 학부모와의 면담을 통해 입증된 사실이다. '천재'라는 기준은 물론 제각각이다. 기준이야 어떻든 간에 유아기의 학부모는 자신의 아이를 천재로 믿고 싶은 것이다. 이러한 특성을 가지고 있는 학부모에게 유아의 현재 발달 수준을 정확히 알려주게 된다면 어떤 일이 일어날까? 예상대로 학부모는 순순히 받아들이지 않으려 한다. 유아의 발달 수준을 받아들이는 대신 담임교사에 대해 엉뚱한 오해를 하게 된다. 만일 담임교사에 대한 신뢰가 낮고 래포 형성이 안 된 경우에는 괜한 오해를 불러일으킬 수도 있다. 그러나 유아교육기관에서는 유아 현재 발달 상태에 대해 학부모님과 공유하도록 되어 있으며, 자녀의 평가에 관한 정보를 공유하는 것은 학부모로 하여금 자녀에 대해 보다 잘 알게 하는 동시에 진실된 파트너십을 형성하는 좋은 방법이 될 수 있다. 학부모님의 반응을 예상하여 서열화된 평가가 아닌 유아를 이해하고 적절한 지원을 위해 교사가 유아 평가에 관한 정보를 학부모에게 지속적으로 제공한다면, 유아교육에 대한 이해와 담임교사와의 소통이 자연스럽게 이루어져 유아의 발달과 학습을 성공적으로 지원할 수 있게 된다. 이로 인해 담임교사에 대한 신뢰는 물론 유아교육기관에 대한 위상 높아질 것이다.

6) 연령별 발달 수준에 알맞게 항목 구성하기

유아교육기관별로 유아의 실태를 분석하여 연령별 발달 수준에 알맞게 항목을 구성하는 것은 매우 중요하다. 학부모와 소통할 수 있는 유아 발달 평가의 종류는 매우 다양하기 때문이다. 구태의연한 방식의 소통에 젖어 기존에 이루어진 평가를 답습하고자 한다면 유아 발달 평가가 매우 제한적이고 소통하기에 부적절하다고 생각된다. 그러나 학부모의 눈으로 유아를 바라본다면 유아에 관한 모든 것이 궁금하고 어떤 내용을 소통해야 할까에 대한 많은 고민이 해소된다. 유아교육기관의 담임교사로서 바라보는 유아가 아닌 학부모의 시각에서라면 의외로 그 해답은 간단하다. 등·하원 시 궁금해하는 내용, 유아는 잘 적응하는지, 친구와 사이좋게 지내는지, 밥은 잘 먹는지, 화장실에서 뒤처리는 잘하는지, 유치원에서의 하루 일과 동안 어떻게 지내는지 등이 될 것이다. 궁금해하는 모든 내용을 알려주기에는 시간이 부족하므로 유아의 발달을 지원하고 기관에서의 행복한 생활을 위해 필요한 내용으로 우선순위를 정하여 항목을 구성하도록 한다.

7) 전문적 기술(관찰-해석-평가하기)을 위한 연수

관찰은 유아교육현장에서 가장 많이 사용되는 평가의 방법이다. 그러나 제대로 된 관찰은 잘 이루어지지 않는다. 관찰 그 자체가 어려워서가 아니라 훈련이 부족한 탓이다. 관찰은 세 단계의 과정을 거친다. 첫째는 관찰한 것을 기록하는 단계이다. 기록은 관찰자 앞에서 일어나고 있는 장면을 가능한 한 자세하고 객관적으로 적는 것이다. 그러나 이는 지속적인 연습과 훈련을 통해 이루어진다. 두 번째 단계는 해석인데 해석은 눈앞에 보이는 것을 넘어서서 행동의 원인, 그 행동을 할 때의 감정 등을 추측해보고 기록된 자료의 의미를 찾아보는 과정이다. 세 번째 단계는 평가로서 축적된 관찰 자료를 바탕으로 현재의 상태와 앞으로의 방향에 대한 결론을 내리는 단계이다. 해석 및 평가는 객관적인 관찰 기록을 통해 얻어지는 이차적인 자료이다. 따라서 관찰을 하면서 이 세 가지 과정은 분명히 구분되어야 하고, 특히 실제로 어떤 행동에 대한 객관적인 기술 없이 이루어진 해석이나 평가는 그 타당성을 인정받을 수 없다. 서술적인 관찰을 할 때 가장 주의해야 하는 것은 기록 · 해석 · 평가를 분명히 구분할 줄 알아야 하며, 해석이나 평가는 반드시 객관적이고 충분한 관찰 기록에 근거해야 한다. 교사들은 유아들의 단편적인 일화를 유아의 전체적 특성인 양 확대하는 경우가 많은데, 이는 절대 조심해야 한다. 더구나 학부모님께 통지해야 하는 평가의 경우에는 더욱 조심해야 한다. 유아를 평가할 때 단 한 번의 관찰 자료에 근거해서 판단을 내린다는 것은 매우 위험하다. 따라서 지속적인 연수와 훈련을 통해 객관적인 관찰과 해석 기술을 위해 노력해야 하며, 이러한 과정을 통해 교사의 전문성이 향상되는 기쁨을 스스로 느끼도록 한다.

4. 소통 실천을 위한 여건 조성과 작성 사례

1) 여건 조성

① 유아교육기관의 현재 여건에 맞추어 항목을 선정한다.

욕심내지 않고 할 수 있는 만큼 최선을 다한다. 처음부터 완벽하고 한계를 넘어 지나치게 잘하려고 하면 지속적으로 실천하기 어렵게 된다. 조금 부족하더라도 실천에 무게를 두어 1년의 전 과정을 해내는 것이 무엇보다 중요하다. 시간이 남아서 하는 일이 아니기 때문이다. 원장이나 원감이 지나치게 많이 관여하기보다는 '해보자!'라는 메시지를 전달하고 항목 선정이나 횟수 방법 등은 교사가 실천 가능한 범위 내에서 선정하여 시작하는 것이 중요하다.

② 교사가 교육활동과 유아 평가에 집중할 수 있도록 적극적으로 지원한다.

공립 유아교육기관의 경우는 행정 업무가 과다하고 사립유아교육기관의 경우는 행사, 통학버스 탑승, 학부모와의 전화 면담 등이 과중한 업무가 되고 있다. 유아 평가 자료를 활용하여 학부모와 소통하려면 유아를 관찰하고 기록하고 분석하여 자료를 작성할 수 있도록 여건을 조성해주어야 한다. 현재의 업무가 과중한 상황에서는 아무리 좋은 소통의 방법이 있다고 해도 시도하기 어려울 것이다. 업무 경감뿐 아니라 부족한 부분에 대한 연수, 도서 지원, 컨설팅 등 다양한 지원도 함께 이루어져야 한다.

③ 학부모와 교사가 상호 소통할 수 있는 형식을 활용한다.

유아교육기관이나 담임교사가 일방적으로 알려주고 싶은 내용보다는 학부모의 입장에서 무엇을 궁금해하는지에 관심을 두어 상호 소통이 가능한 방식으로 활용한다. 학부모와의 짧은 면담이나 알림장 등에서 학부모의 관심을 파악하고 이를 적극적으로 활용하도록 한다. 교사의 기록에 대한 학부모의 의견도 수렴하여 소통하고 활용할 수 있도록 한다.

2) 작성 사례

① 전달하고자 하는 내용을 정확하고 구체적으로 작성한다.

유아의 성장과 발달에 관한 정보를 전달하고자 할 때는 전달하고자 하는 내용이 정확히 전달되도록 구체적으로 작성한다.

② 기본 프레임과 작성 방법의 사례를 공유한다.

누구나 새로운 문장을 작성하는 것은 어려운 일이다. 실제 글을 쓸 때 일반적으로 첫 문장의 첫 줄을 쓰는 것을 가장 어려워하게 된다. 이러한 능력을 기르기 위해서는 다른 사람이 작성한 것을 참고로 하면 많은 도움이 된다. 만일 다른 사람이 작성한 것을 보기 어렵다면 함께 문장을 작성해 보는 것도 좋은 방법이 된다.

③ 학부모가 이해하기 쉽게 작성한다.

학부모들은 대부분 유아교육기관의 교육내용 및 유아 평가에 대해 사전 지식이 없는 경우가 많으므로 내용을 전달받는 학부모들이 이해하기 쉽도록 작성한다. 전문용어의 사용이 불가피하다면 알기 쉽게 설명해주는 것이 필요하다.

④ 긴 문장을 사용하거나 지나치게 많은 내용을 담지 않는다.

전달하고자 하는 내용을 간결하게 작성하는 것이 학부모에게 도움이 된다. 내용이 너무 길거나 많으면 학부모들에게 부담될 수 있으므로 불필요한 용어를 장황하게 사용하지 않도록 한다.

⑤ 해당 유아에 대한 내용을 구체적으로 기록하되, 다른 유아에 대한 내용은 언급하지 않는다.

유아에 대한 내용을 기록하다 보면 다른 유아와 있었던 일들이 자연스럽게 등장하게 되고 학부모가 물어보기도 하는데, 부득이한 경우가 아니라면 다른 유아의 이름이나 상황을 전하는 것은 피하는 것이 좋다. 학부모들은 담임교사가 한 말에 대해 지나치게 민감하게 반응하는 경우가 있어서 자칫 잘못하면 확대하여 해석하거나 오해하는 경우가 생기기 때문이다.

⑥ 정확한 단어와 문장을 사용한다.

유아교육기관에서 발송되는 모든 문서는 기관의 이미지는 물론 담임교사의 수준도 나타나게 되므로 정확한 단어와 문장을 사용하도록 한다. 간혹 유행어나 줄임말 등을 사용하거나 맞춤법 등을 잘못 기입하게 되면 전달하고자 하는 내용보다 다른 일로 불편하게 되거나 어려움을 겪을 수도 있기 때문이다.

⑦ 세부 내용 간에 논리적 충돌이 생기지 않도록 하며 긍정적이면서 핵심 내용이 전달될 수 있도록 한다.

학부모와 소통의 목적은 유아의 행복한 성장과 발달을 위해서라는 것을 염두에 두어야 한다. 가능하면 긍정적이고 발전 가능한 내용의 이야기를 중심으로 기술하는 것이 좋다. 유아의 성장과 발달이 종료된 것도 아니고, 긍정적인 변화의 가능성이 얼마든지 있기 때문이다. 핵심 내용을 전달하되 학부모가 적극 유아를 이해하고 도움을 줄 수 있도록 해야 한다. 글의 전체 틀을 구성한 후에 문장 간의 연결이 자연스러운지, 문장 간에 논리적 오류가 있거나 모호한 부분은 없는지 등을 유의하면서 작성한다. 서두에는 칭찬하고 말미에서는 부족하다는 식의 상투적인 기술이 되지 않도록 주의를 기울여야 한다.

⑧ 사진, 유아의 기록물, 작품 등의 이미지를 담아 내용 전달력을 높인다.

매번 똑같은 형식을 취하기보다는 창의적인 형식과 다양한 내용을 담아 매력적인 자료가 되도록 한다. 글을 통해서도 의미를 전달할 수 있지만 사진이나 도식, 그래프 등의 적절한 이미지를 사용하면 더욱 세련된 느낌과 함께 효과적으로 전달할 수 있다. 빽빽하게 채워진 문서보다는 적절한 삽화나 도식, 사진들이 함께 있으면 보다 명료한 이해를 도울 수 있고, 학부모가 읽고 싶은 마음을 갖게 할 수 있다.

5. 학부모와 소통을 위한 유아 평가 계획

월	유아발달평가 및 검사	연령			방법	보호자 통지 자료	자료 제시
		3세	4세	5세			
3월	유치원 준비도 검사		*	*	면담(검사)	검사지, 결과통지자료	제시함
	유치원 적응 검사	*	*	*	관찰	평정척도, 결과통지자료	제시함
4월	체격검사	*	*	*	검사	검사지, 결과통지자료	제시함
5월	교우도 검사	*	*	*	면담(검사)	검사지, 결과통지자료	제시함
6월	놀이선호도	*	*	*	관찰	유아자기평가, 결과통지자료	제시함
	창의성 검사			*	면담(검사)	검사지, 결과통지자료	
7월	포트폴리오(1학기)	*	*	*	관찰, 검사	활동자료, 결과통지자료	
	동이백이 유치원 생활이야기	*	*	*	관찰	결과통지자료	제시함
8월	방과후과정 생활이야기	*	*	*	관찰	결과통지자료	제시함
9월	친사회성검사	*			면담(검사)	검사지, 결과통지자료	제시함
	성격검사		*		면담(검사)	검사지, 결과통지자료	제시함
	자기존중감 검사			*	면담(검사)	검사지, 결과통지자료	제시함
10월	기본생활습관 결과 분석	*	*	*	관찰	평정척도, 결과통지자료	제시함
11월	포트폴리오(2학기)	*	*	*	관찰, 검사	활동자료, 결과통지자료	
12월	동이백이 누리과정이야기	*	*	*	관찰	결과통지자료	제시함
1월	방과후과정 포트폴리오	*	*	*	관찰, 검사	평정척도, 결과통지자료	
2월	생활기록부	*	*	*	관찰	생활기록부 작성자료 (희망에 의해)	

II. 소통한 사례

1. 3월의 소통 자료

- ▫ 유치원 준비도 검사(만 4, 5세)
- ▫ 유치원 적응 검사(전연령)

[유치원 준비도 검사 실시 개요]

- 실시시기 : 2월 오리엔테이션 기간 중 실시
- 실시인원 : 일대일 실시가 가장 바람직하기는 하지만 교사의 역량에 따라 소그룹(2~3명)실시도 가능하다.
- 소요시간 : 유아 1인당 약 20 ~ 30분
- 대　　상 : 유아교육 기관에 다니기로 확정된 유아 중 만 4세와 5세 유아
- 검 사 자 : 학급 담임으로 내정된 교사
- 검사도구 : 유치원에서 자체 제작된 도구

[유치원 준비도 검사 실시 과정]

사전 협의	⇨	〈준비〉 · 공동준비 · 개인준비 · 검사안내	⇨	검사 실시	⇨	검사 결과 작성	⇨	가정으로 안내	⇨	결과에 대한 의견 교환
2월 첫째날		2월 2주		2월 3주		2월 4주		3월 2주		3월 3주

1) 사전 협의

사전협의는 학부모와의 소통을 위한 유아 평가 자료 활용하기의 전체적인 계획을 수립할 때 이미 이루어진 것으로 생각하여 월별로 진행되는 유아 발달 평가 및 검사에 대한 사전협의를 생략해서는 안 된다. 왜냐하면 기관의 교사가 신규임용 및 전보 등의 사유로 매년 교체될 수 있기 때문이다. 또한 전년도 실시 과정에서 발생되었던 문제점 등을 서로 이야기 나누면서 자연스럽게 정보를 교환하면서 검사에 대한 방법 등을 숙지할 수 있게 된다.

준비도 검사는 유아교육기관에서 많이 실시되어 알고 있으므로 검사의 필요성이나 실시 방법에 대해 구체적으로 설명하기보다는 전체 진행내용을 간략하게 안내하는 것이 효율적이다. 사전협의는 핵심내용을 중심으로 간결하게 진행하며 시간은 15~20분 정도 소요된다. 사전협의 내용은 아래와 같다.

준비도 검사 사전 협의
• 담당교사의 준비도 검사 계획 안내
• 준비도 검사에 사용할 검사도구 확인하기(검사도구 확인, 보완할 점 등)
• 검사대상 유아 선정하기(몇 명을 검사할 것인가?)
• 검사 장소 및 대기 장소 선정
• 검사에 도움을 줄 조력자 선정(사진 촬영, 검사자와 대기자 안내)
• 검사 후 마무리와 안내자료 통지 일정

▼ 사전 협의 모습

2) 준 비

준비도 검사의 실시 시기는 유아교육기관의 여건에 따라 차이가 있을 수 있지만 대체로 2월에 실시하는 것이 적당하다. 2월은 기관마다 교사 변동이 있을 수 있다. 사립의 경우는 기관장에 의해 다음 학년도의 교사를 미리 선정하는 것이 가능하지만, 공립의 경우 인사이동에 의해 결정되므로 오리엔테이션 기간에 다음 학년도의 교사가 결정되지 않을 수도 있다. 그러므로 준비도 검사 준비는 유아교육기관의 실정에 따라 효율적으로 준비하도록 하는 것이 바람직할 것이다. 모든 검사에는 준비 과정이 필요하다. 준비도 검사는 유아와 학부모에게 담임교사와의 첫 만남이 되는 시간으로 좋은 인상을 줄 수 있도록 관심을 기울여 치밀하게 준비하도록 한다. 준비도 검사는 공동으로 준비해야 하는 일과 개인으로 준비해야 하는 일들로 구분될 수 있다.

공동 준비

- 가정안내 자료 작성하기(가정통신 안내, 오리엔테이션 안내 등)
- 검사도구 만들기 또는 보완하기(전년도 사용한 검사도구 보완)
- 검사지 복사하기(유아가 사용하는 검사보조지와 교사가 사용하는 기록지 복사)
- 검사에 사용하는 소품 준비
- 검사장소 정하고 바구니에 자료 미리 챙겨두기

개인 준비

- 검사 실시 방법 숙지하기
- 유아들과의 상호작용과 부적응 유아에 대한 대처방안 마련하기
- 검사에 사용할 소품 챙기기(비밀주머니, 주머니 안에 넣을 촉감 자료 등)
- 검사보조지와 기록지 준비하기(유아 인원에 알맞게 준비)
- 검사 장소 살피고 정리해두기
- 필기도구 및 카메라 준비

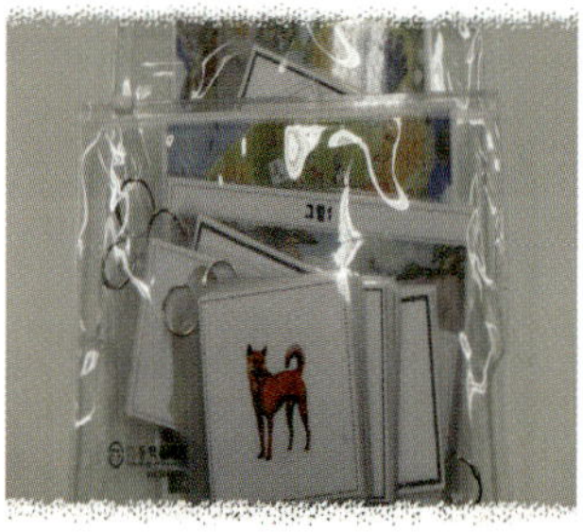

▼ 검사도구(지퍼백 보관)

▼ 필기도구 및 카메라

▼ 검사장소 마련하기

3) 검사 실시

검사는 담임교사나 보조교사가 실시한다. 담임교사가 내정되어 있다면 담임교사가 실시하는 것이 가장 좋다. 기관의 여건상 담임교사가 결정되지 않았다면 보조교사가 실시하고 대신 꼼꼼히 기록하여 추후에 담임교사에게 전달해 주도록 한다. 검사실시는 가정통신을 통해 미리 안내된 대로 진행한다. 검사를 실시하는 동안 미리 와서 대기하는 유아와 학부모를 위해 대기 공간을 미리 마련해 둔다. 검사는 교사와 유아가 일대일로 실시하는 것이 가장 바람직하겠지만, 학급별 인원 및 검사를 하는 교사의 능력을 고려하여 1회 검사에 2 ~ 3명의 유아와 함께 진행할 수도 있다. 1회의 검사는 30분 정도로 계획하여 교사를 중심으로 반원으로 책상에 앉아 실행한다.

검사는 기존의 학습준비도 검사도구를 누리과정과 연계하여 재구성된 자료로 준비하여 실시한다. 신체운동·건강 영역의 대·소근육 활동능력을 알아보기 위한 공간은 교사가 미리 준비해 놓는다. 교사는 검사 중 이동하지 않도록 검사에 필요한 도구를 교사 가까이 준비해 둔다. 검사장면의 사진은 보조 인력의 도움을 받아 촬영한다. 유아와 적절한 래포가 형성될 수 있도록 친밀하게 진행하고 유아의 반응을 자연스럽게 기록하되 핵심단어를 사용하여 즉각 기록하는 것이 좋다.

▼ 검사 실시 모습

4) 안내자료 작성

가정으로 통지할 안내자료는 학급 담임교사가 작성한다. 검사 실시 후 곧바로 작성하는 것이 가능하다면 곧바로 작성하는 가장 좋다. 그렇지 않다면 사전 협의에서 가정으로 통지할 날짜를 정하여 미리미리 작성한다. 한 번에 전체 학급 원아를 작성하는 것은 무리가 따르므로 교사가 적절히 안배하여 작성하되 가능한 일주일 내에 모두 작성하는 것이 좋다. 너무 오래 간격을 두고 작성하면 몰입도가 떨어지고, 처음 작성한 원아와 기술 내용에 차이가 생기게 되기 때문이다. 준비도 검사의 내용을 토대로 정확하고 간결한 문장으로 기술하여 핵심 내용을 전달하도록 한다. 준비도 검사는 유아교육기관에서 학년도 시작 후 처음으로 가정으로 안내한 것으로 학부모의 반응에 기대가 컸던 것으로 기억한다. 준비도 검사 결과 안내 자료를 제시해본다.

5) 가정으로 안내

〈유치원 준비도 검사 결과 안내〉

안녕하세요?

본 자료는 2015년 2월 오리엔테이션 중에 실시되었던 유치원 준비도 검사 결과입니다. 본 검사는 담임교사에 의해 면접법과 관찰법으로 실시되었으며, 그 결과를 바탕으로 개별 유아의 발달 수준을 파악하여 학급교육과정운영을 위한 참고자료로 활용하였습니다.

준비도 검사란?

준비도 검사는 만 4세와 만 5세 유아를 대상으로 발달수준, 학습 능력, 잠재력 등을 알아보기 위한 검사로 유아가 어떤 능력을 지니고 있으며, 현재 발달 수준과 발달 가능성을 알아보고 어떤 영역에서 우세한지 유아와의 직접적인 면담을 통해 알아봄으로써 유아에 대한 이해를 높일 수 있습니다.

우리 유치원에서 실시하는 준비도 검사는 진단평가로 경기도교육청 장학자료에 제시된 검사 도구를 근간으로 누리과정 영역별 내용을 중심으로 재구성하여 사용하며 오리엔테이션 기간에 실시합니다. 준비도 검사의 영역은 신체운동 · 건강, 의사소통, 사회관계, 예술경험, 자연탐구로 구성되어 있으며 1인당 검사 소요시간은 30분 정도입니다. 본 검사를 통하여 유치원에 입학하기 전 선생님과 자연스럽게 래포를 형성할 수 있으며, 검사하는 동안 교사는 유아의 의사소통 능력, 지구력, 몸의 자세, 주의 집중, 친밀감, 자신감 등을 자연스럽게 파악할 수 있게 됩니다.

하위 항목과 검사 구성의 의미

하위항목	검사 구성 및 내용
신체운동·건강	신체운동 · 건강에서는 앵금질, 두 발 모아 뛰기, 감각능력 알아보기, 가위질하기 등의 활동을 통해 신체발달 정도를 알아봅니다.
의사소통	의사소통 영역에서 듣기, 말하기, 읽기, 쓰기 능력을 이야기꾸미기, 언어카드, 그림카드 읽기, 이름쓰기 등의 활동을 통해 알아봅니다.
사회관계	사회관계는 자아존중감, 친구관계, 더불어 살아가는 태도, 친밀감, 자신감 등을 좋아하는 친구, 자신에 대한 생각 말하기, 문제상황 해결 등을 통해 알아봅니다.
예술경험	예술경험은 예술적 표현하기, 아름다움에 관심가지기, 예술 감상하기 능력을 손가락 체조, 박수치기, 그림 그리기, 그림 감상하기 등을 통해 알아봅니다.
자연탐구	자연탐구는 탐구하는 태도, 수학적 탐구, 과학적 탐구 능력을 숫자카드 읽기, 일대일 대응, 만일 ~~하면 등의 활동을 통해 알아봅니다.

★★★의 검사 결과

반명 : 열매 ㅇ반 / 이름 : ★★★

영역	검사내용	유아 수행 정도	교사의견
신체 운동 건강	앵금질하기	참여하지 않으려 하였습니다.	앵금질하기, 두 발 모아 뛰기를 잘하고 주머니 안의 물건을 잘 알아맞히고 가위질을 능숙하게 하였습니다.
	두 발 모아 뛰기	매우 잘 하였습니다	
	감각 능력	매우 잘 하였습니다	
	가위질	매우 잘 하였습니다	
의사 소통	듣기	매우 잘 하였습니다	유치원생활에 필요한 의사소통능력이 잘 형성되어 있습니다.
	말하기	매우 잘 하였습니다	
	읽기	매우 잘 하였습니다	
	쓰기	매우 잘 하였습니다	
사회 관계	좋아하는 친구	매우 잘 하였습니다	자신을 긍정적으로 생각하고 친구와 사이좋게 지낼 수 있는 기초적인 사회관계 능력이 형성되어 있습니다.
	자신에 대한 생각	매우 잘 하였습니다	
	문제해결능력	매우 잘 하였습니다	
	친밀감	매우 잘 하였습니다	
	자신감	매우 잘 하였습니다	
예술 경험	손가락 체조	매우 잘 하였습니다	리듬과 박자 감각이 잘 형성되어 있고, 그림 그리기 능력과 감상하기를 위한 기본능력이 있습니다.
	박수치기	매우 잘 하였습니다	
	그림 그리기	매우 잘 하였습니다	
	그림 감상하기	매우 잘 하였습니다	
자연 탐구	만일 ~~라면	잘 하였습니다	호기심을 가지고 탐구하려는 태도와 수 개념이 잘 형성되어 있습니다.
	수개념	매우 잘 하였습니다	
	분류하기	매우 잘 하였습니다	
	지구력	매우 잘 하였습니다	

준비도 검사하는 유아 모습

▼ 이야기꾸미기

▼ 가위질하기

▼ 자화상 그리기

Tip

유아 수행 정도는 준비도 검사 기록지에 매우 잘함(◎), 잘함(○), 어려워함(△), 참여하지 않음(×)으로 간단하게 기록해 놓으며, 특이 사항은 옆에 써 놓아 나중에 가정통지자료를 정리할 때 이해를 돕습니다. 가정으로 통지할 때는 '매우 잘하였습니다, 잘하였습니다, 어려워하였습니다, 참여하지 않으려 하였습니다.' 라고 기록합니다.

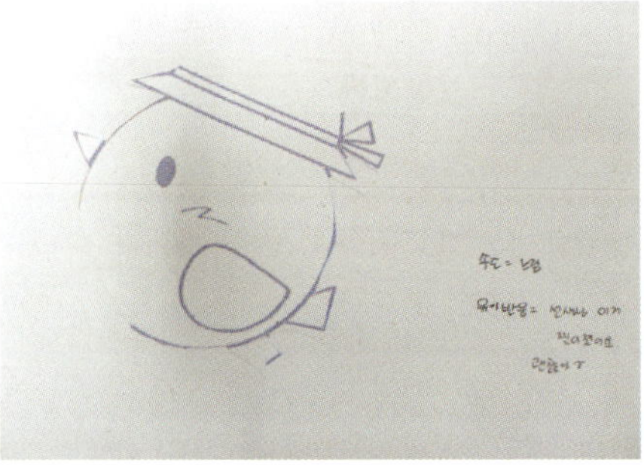

▼ 가위질 수행 결과물

▼ 자화상 그리기 수행 결과물

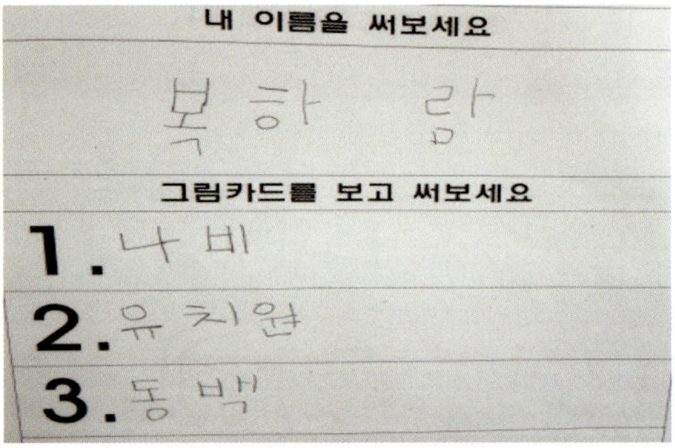

▶ 이름쓰기 수행 결과물

Tip

가위질 수행 결과물, 자화상 그림 수행 결과물, 이름쓰기 수행결과물은 수행 결과 그대로 가정통지자료 뒤에 붙여 가정으로 배부하여 자녀의 검사 결과에 대한 이해를 돕습니다. 복사를 하거나 스캔을 뜨는 번거로운 작업 없이 실제 검사 결과지를 배부합니다.

[유치원 적응 검사 실시 개요]

- 실시시기 : 실시시기 : 3월 3주
- 실시장소 : 학급 교실 – 유아의 일상생활과 교육활동 전반
- 소요시간 : 유아 1인당 약 5분
- 대　　상 : 학급 유아 전체
- 관 찰 자 : 학급 담임
- 검사도구 : Jewsuwan, Luster와 Kostelink(1993)이 개발한 것을 김지은이 번안

[유치원 적응 검사 실시 과정]

사전 협의	⇨	준비	⇨	관찰하기	⇨	검사 결과 작성	⇨	가정으로 안내	⇨	결과에 대한 의견 교환
3월 첫째날		3월 2주		3월 1, 2, 3주		3월 3주		3월 4주		4월 1주

1) 사전 협의

유치원 적응 검사는 연령별로 교사가 모여 협의회를 갖는 것이 좋다. 동일한 항목에 부여하는 점수가 차이가 나지 않도록 관찰자 간의 신뢰를 높이는 과정이 필요하다. 협의는 관찰 항목을 중심으로 점수부여와 기록 방법에 대해 간결하게 진행하며 별도로 시간을 내기보다는 교육활동 협의 때 간단히 진행하는 것이 좋다. 사전협의 내용은 아래와 같다.

적응 검사 사전 협의

- 유치원 적응 관찰 기록지 내용 숙지하기
- 관찰 내용 협의하기
- 점수 부여하기
- 관찰 기간 정하기
- 관찰 후 통계 작성 자료 통일하기
- 검사 후 마무리와 안내자료 통지 일정 협의하기

2) 준 비

적응 검사의 준비는 간단하다. 적응 관찰지와 엑셀 통계자료만 있으면 된다. 유아교육기관에 보조 인력이 있다면 적응 관찰지의 내용을 그대로 옮겨 적는 통계는 충분히 도움을 받을 수 있다.

준 비

- 유치원 적응 관찰지 복사하기
- 유치원 적응 관찰지 항목 숙지하기
- 사전협의를 통해 점수부여 기준 정하기
- 유치원 적응 관찰 후 이기할 통계자료 서식 마련하기

3) 검사 실시

검사는 담임이 학급에서 실시한다. 유치원 적응 관찰 검사지의 항목을 미리 숙지하여 목적 있는 관찰을 통해 검사가 이루어진다. 유아의 행동에 대해 어림잡아 체크를 하거나 관찰하지 않은 채 교사의 생각으로 점수를 부여하지 않도록 유의한다. 또한 사전에 연령별 교사와 협의한 점수 부여 기준을 지켜 정확히 실시한다.

4) 안내자료 작성

가정으로 통지할 안내 자료는 학급 담임교사가 작성한다. 안내자료 작성 전에 연령별교사협의를 통해 기록내용에 대해 협의한다. 유치원 적응 검사 결과 작성은 유아의 점수에 대해 해석하는 것으로 교사의 의견을 기술하기보다는 사실을 토대로 작성한다. 자료 작성 시에는 일관된 기준에 의한 기록과 분석이 되도록 사전협의 때 정해 놓은 기준으로 한다. 개별 유아의 평정에 대한 해석은 학급 평균을 기준으로 하위 항목별로 기술한다. 가능하면 긍정적인 용어와 발전 지향적인 용어를 사용하여 유아가 적응을 잘 하고 있는 항목을 먼저 기술하여 긍정적인 느낌을 주도록 한다. 부족한 부분에 대해서는 하위 항목의 내용을 구체적으로 기술해주는 것이 좋다. 유치원 적응 검사는 교사 관찰을 토대로 작성한 것으로 결과에 대해 학부모의 반응에 매우 민감할 수밖에 없다. 학부모의 여러 가지 반응을 예상하여 유아의 적응에 도움을 줄 수 있는 방향으로 작성하는 것이 중요하다.

유치원 적응 관찰

♥♥유치원

이 름	(남, 여)	학 급 명	
평 정 일	2014. 03. 24 - 2014. 03. 27	평가유형	관찰과 면담
교육과정 관련영역	ㅁ 사회 생활 - 나를 소중하게 여기기 - 나의 감정 알고 조절하기 - 다른 사람을 이해하고 존중하기		
평가목적	유치원 생활에 잘 적응하고 있는가		

영역	순	내 용	관찰결과
친사회적 행동	1	친구들이나 어른들을 잘 도와준다.	
	2	공동의 목표를 위해 친구들과 협동한다.	
	3	친구들과 장난감을 나누어 쓴다.	
	4	차례를 지킨다.	
	5	친구나 선생님 기분에 관심을 보인다.	
긍정적 정 서	6	유치원에서 즐겁게 지낸다.	
	7	활동에 적극적으로 참여한다.	
	8	유치원에서 편안하게 지낸다.	
	9	친구들에게 친절하다.	
	10	유치원에서 잘 웃는다.	
또래 유능감	11	함께 놀이할 친구들을 찾아서 논다.	
	12	친구들과 놀이할 때 잘 끼어든다.	
	13	친구들과 함께 노는 것을 좋아한다.	
	14	친구들과의 갈등을 적절히 해결한다.	
	15	대체로 친구들과 잘 어울려 논다.	
자아강도	16	자신감이 있다.	
	17	독립적이다.	
	18	자기주장을 잘 한다.	
	19	친구들에게 제안을 하거나 정보를 제공한다.	
	20	쉽게 포기하지 않는 인내심이 있다.	
유치원 생활적응	21	유치원의 하루 일과를 알고 활동한다.	
	22	교사에게 협조적이다.	
	23	유치원 활동이 바뀔 때마다 잘 적응한다.	
	24	교사에게 관심과 도움을 적절히 요청한다.	
	25	보호자와 잘 헤어진다.	

▶잘함 : 3 ▶보통 : 2 ▶ 미흡 : 1

5) 가정으로 안내

〈유치원 적응 평정 결과 안내〉

♥♥유치원
반명 : 열매 1반 / 이름 : ★★★

안녕하세요?

본 자료는 2015년 3월 3주 동안 관찰한 결과를 바탕으로 한 유치원 적응에 대한 평정결과입니다. 본 평정은 담임교사에 의해 실시되었으며 평정 결과를 바탕으로 개별 유아의 유치원 적응을 돕는 참고자료로 활용하였습니다.

유치원 적응이란?

유아가 자신의 고유한 특성과 욕구를 가지고 유치원 환경에 자신을 잘 맞추어 갈 뿐 아니라 유치원 일과에 능동적으로 참여하며, 유아와 또래 및 유치원에서 긴장감 없이 조화와 균형을 이루어 나가는 상태라고 할 수 있습니다.

유치원 적응의 중요성

유치원은 또래와 최초의 인간관계를 형성하는 곳으로 이는 여러 가지 불안과 긴장을 유발시키는 곳이 될 수 있습니다. 유아들은 또래와의 집단생활, 새로운 기관에서의 규칙, 타인과의 관계에 적응해야 하는 어려움을 경험하게 됩니다. 이러한 적응상의 곤란은 이후 연계되는 학교생활에 있어서도 영향을 줄 수 있다는 것이 학자들의 견해입니다. 유치원 적응은 유아가 더불어 사는 민주시민으로서의 자질을 기르며 사회구성원으로 바르게 성장할 수 있도록 긍정적인 정서발달을 이루어가는 필수적인 생활경험입니다.

기관 적응의 하위 항목과 높은 점수의 의미

하위항목	높은 점수의 의미
친사회적 행동	친구들을 잘 도와주고 함께 협동하며 놀잇감을 나누어 사용하는 행동과 다른 사람들의 문제에 대해 함께 생각하고 관심을 보이는 행동을 의미합니다.
긍정적 감정	유치원에서 즐겁게 지내며 친절하고 우호적이고 편안함을 느끼며 활동에 즐겁고 적극적으로 참여하는 것을 의미합니다.
또래 간의 적응	또래 관계에 있어 친구들이 하는 활동에 잘 참여하고 다른 친구들과 함께 놀이하며 잘 어울려 지내는 것을 의미합니다.
자아강도	자신에 자신감 있고 독립적이며 자기주장이 있고 주도적으로 활동에 참여하며 쉽게 포기하지 않는 인내심을 보이는 것을 의미합니다.
하루일과의 적응	유치원의 하루일과를 잘 이해하고 그에 맞게 행동하며 교사에게 관심과 도움을 적절히 요청하고 협조하는 것을 의미합니다.

※ 검사도구 : Jewsuwan, Luster와 Kostelink(1993)이 개발한 것을 김지은이 번안.

★★★ 유치원 적응 평정 결과

반명 : 열매 1반 / 이름 : ★★★

영 역		총 점	학급 평균	나의 점수
하위 항목	친사회적 행동	15	14.00	15
	긍정적 감정	15	14.18	14
	또래 간의 적응	15	13.91	11
	자아강도	15	13.64	9
	유치원 생활적응	15	14.55	14
총 점		75	70.28	63

★★★ 평정에 대한 해석

★★★의 평정결과 유치원에 대한 적응 수준은 친사회적 행동과 긍정적 감정, 유치원 생활 적응 영역에서 높은 점수를 보이고 있습니다. 그러나 또래 관계에서 다른 친구들과 놀이하며 잘 참여하는 또래유능감이나 자신감 있고 독립적으로 자기주장을 하는 것과 주도적으로 활동에 참여하는 자아강도 항목에서 어려움을 보이는 것으로 나타났습니다.

▶ ★★이는 색종이 접기를 좋아해요.

Tip

학부모님 양육

- 유치원에서의 즐거웠던 경험을 회상할 수 있도록 아이와 함께 행복한 대화를 나눕니다.
- 새로운 환경에 적응하는 동안 더욱더 신체적인 피로감을 느낄 수 있으니 가정에서 충분한 숙면을 취할 수 있도록 합니다.
- 친구를 돕고 나누어 주고 협동하는 경험을 가질 수 있도록 하여 자신을 능력 있고 가치 있는 사람으로 지각할 수 있도록 도와줍니다.
- 유아를 불안하게 서두르며 재촉하지 않습니다.
- 단체생활을 시작하기 전부터 자신의 일은 유아 스스로 할 수 있도록 격려합니다.

검사결과에 대한 보호자 의견	

6) 학부모와 소통

만 3세 학부모 의견

새싹 1반 박해윤

보지 않아도 해윤이의 유치원 생활이 그려지네요. 아직 친구들과 놀잇감을 나눠서 사용하지 못하고 자기주장이 강해서 친구들과 의견 충돌이 있을 것 같습니다. 선생님께서 잘 지도해 주시리라 믿습니다. 하지만, 즐겁게 유치원생활에 잘 적응하고 있어서 다행이네요. 집에서도 유치원에서 즐겁게 놀았던 경험에 대해 많이 이야기하고 많이 안아줘야겠어요. 항상 감사드려요^.^

새싹 2반 방예준

유치원 적응 결과를 보니 유치원 생활에 잘 적응하고 있는 것 같네요. 한 달 동안 늘 한결같이 유치원에서 재미있었다고 말한 걸 들으며 새로운 환경과 친구들에게 거부감 없이 지내게 되어 다행이라 생각합니다. 다른 무엇보다 "긍정적 감정"에서의 높은 점수는 예준이가 유치원에서 보내는 시간이 즐겁고 편하다는 것인데 학부모의 입장에서는 다른 항목보다 중요하다고 생각합니다. 앞으로도 쭉~~ 원 생활을 긍정적이고, 적극적으로 할 수 있도록 집에서도 신경 쓰겠습니다. 조금 걱정이 되는 부분은 "자아강도"항목이 다른 항목에 비해 낮다는 것인데 아마 집에서도 둘째라서 형, 동생에게 치이는 부분들이 있어 자신감이 좀 부족한 면이 있는 것 같습니다. 그렇지만 크게 걱정할 정도는 아니라고 생각해요. 자신감 회복을 위해 태권도 열심히 배우고 있답니다.

만 4세 학부모 의견

꽃잎 1반 최연아

저 역시 많이 긴장했던 3월이 지났네요. 연아도 새로운 환경에 누구보다 잘 적응하고 있는 것 같아서 눈물이 날 정도로 고마운 마음입니다. 제 눈엔 너무나 사랑스러운 딸이지만 선생님 보시기엔 문제되는 부분이 있다면 꼭 알려주세요. 칭찬받는 걸 좋아하는 우리 연아~~ 앞으로도 잘 지낼 수 있도록 많은 관심과 사랑 부탁드립니다. 그리고 선생님~ 감사드립니다.

꽃잎 2반 채준하

준하가 만 3세 때까지 기관에 다니지 않고 집에서 지내다가 올해 처음으로 유치원에 적응하게 되어 잘 적응할 수 있을지 걱정이 많았는데 다행히 유치원과 태권도를 잘 다녀주어 기특합니다. 그러나 아직은 낯선 환경과 낯선 친구들에 또 기존에 다녔던 친구들과의 관계에 있어 쉽게 다가가지 못하나 싶은 생각이 듭니다. 이제 막 한 달이 지났는데 앞으로 친구관계가 편안해지고 적극적으로 유치원 활동에 참여하는 준하가 되기를 바랍니다. 올해 좋은 선생님을 만나서 잘하리라 믿습니다. 많은 애정 부탁할게요.

만 5세 학부모 의견	**열매 1반 홍가빈** 이번 평정 결과지를 보면서 가빈이가 성장했다는 걸 알게 되었습니다. 작년 경우 원 적응과 또래나 선생님과의 원활한 대화가 2달 이상은 더 걸렸던 것 같았습니다. 7살이 되면서 자존감도 향상된 걸 보게 되고 나누고 함께하는 사회성도 좋아진 것 같아서 뿌듯하고 고맙습니다. 성격이 조금은 내성적인 면이 있어서 덥석 나서진 않지만 관찰력이 있어서 기억하는 것은 잘하는 것 같아서 지금은 무엇을 재촉하지 않고 잘 지켜보고 있습니다. ♥♥ 유치원의 시스템을 자랑하는 말을 많이 합니다. 예를 들면 원가를 부르고 열매1반 앞으로 도서실을 좋아한다는 말과 친구와 강당에서 게임하는 것도 즐겁다고 합니다. 새로운 것에 호기심이 많아서 가빈이 스스로 원해서 옮긴 곳이기도 해서 나름 잘하고 싶은 마음이 표현됩니다. 행동이 큰 남자아이들과는 잘 친하려고 하지 않을 수도 있습니다. 거친 행동의 남자아이보다는 섬세한 남자아이나 여자 친구를 좋아합니다. 초등 전 나이에 맞는 규칙과 몸가짐을 잘 배우고 있는 것 같아서 대견하고 잘 지도해 주셔서 담임선생님과 여러 선생님께 진심으로 감사드립니다. **열매 2반 정우진** 우진이가 어떤 일에 있어서 덥석 해보거나 다가가지 않고 탐색시간이 좀 걸리는 아이입니다. 완벽히 익힌 후에 하려고 하다 보니 적극적인 부분이 좀 부족해 보인 것 같습니다. 요즘 성향이 좀 바뀌는 과정인 것 같습니다. 많이 잘 지켜봐 주세요. 유치원에서 잘 적응할 수 있도록 가정에서도 관심가지고 노력하겠습니다. **열매 3반 명채윤** 새로운 환경에 잘 적응하고 있는 것 같아 감사합니다. 좋은 선생님을 만난 덕분인 것 같아요. 작년에 다니던 유치원에서 선생님과의 관계를 조금 힘들어 했던 터라 "강수민 선생님"을 뵙고는 저도 안심이 되어 믿고 보내고 있습니다. 다만, 검사에도 나왔듯이 작년 유치원 친구들을 조금 그리워하고 있어서 아직 열매 3반 친구들에게는 마음을 다 열고 있지 않는 것이 아닌가 미루어 짐작해 봅니다. 원래는 긍정적이고 친화력이 좋은 아이니까 조금 더 시간을 보내면 친구들과도 잘 지낼 수 있을 거라 생각합니다. 항상 고맙습니다.

〈학부모의 회신에 대한 교사 의견 및 교육활동 반영〉

만 3세 반영 내용	**새싹 1반 담임교사** – 놀잇감을 나누어 사용할 때 친구의 기분과 해윤이의 기분이 어떻게 변하게 되는지 알려주어 나누는 경험을 제공하고자 합니다. – 주장이 강한 만큼 의견충돌이 있기도 하지만 자신의 주장을 부드럽게 표현해 친구의 마음을 이끄는 방법도 알려주고 있습니다. **새싹 2반 담임교사** – 예준이는 친구들과 함께 놀이하는 것을 즐거워하며 새로운 환경에 적응을 잘하고 있습니다. – 자아강도 항목은 만 3세의 특성상 자신의 요구를 적절히 표현하는 능력이 발달 중에 있으니 따뜻한 관심으로 지켜봐 주시기 바랍니다.

만 4세 반영 내용	**꽃잎 1반 담임교사** 다른 유치원에서 우리 유치원으로 처음 와서 걱정했는데 너무도 대견스럽게 잘 지내고 있습니다. 연아는 친구들을 도와주기도 잘하고 자기 할 일을 스스로 하면서 유치원생활에 즐겁게 적응하고 있으니 걱정하지 않으셔도 됩니다. 앞으로도 많은 관심 부탁드립니다. **꽃잎 2반 담임교사** 3월 초 처음 유치원에서 준비도 검사할 때도 쑥스러워 어머님이랑 같이 검사를 하였는데, 이젠 유치원 등원도 잘하고, 친구들을 도와주는 친구가 되었답니다. 하루하루 달라지는 우리 준하의 모습을 보면 항상 감사하는 마음입니다. 기다려 주고, 용기를 주면 무한대로 발전해가는 준하이니 앞으로의 우리 준하의 유치원 적응모습 기대해 주세요.
만 5세 반영 내용	**열매 1반 담임교사** 유아 적응도 검사 결과를 통해 학기 초 자녀의 유치원 생활에 대한 학부모 만족도를 알게 되었으며, 학부모를 통하여 유치원 생활에 대한 유아의 반응을 구체적으로 알게 되어 앞으로의 교육에 도움이 많이 될 것 같습니다. **열매 2반 담임교사** 우진이의 성향에 대해 전반적으로 알고 나니 우진이에게 탐색시간을 주고 여유 있게 기다리게 되었습니다. 아침 등원 시 교사에게 인사를 잘 못했는데 4월이 되면서 먼저 인사를 하였으며, 3월보다 4월 모습이 다르니 앞으로 모습도 기대가 됩니다. **열매 3반 담임교사** 3월 초 처음 만났을 때도 선생님과 친구들을 낯설어하고, 놀이에 잘 어울리지 못했는데 지금은 제법 친해진 친구도 생기고 저에게도 재잘재잘 이야기를 많이 들려줍니다. 남자, 여자 친구를 가리지 않고 두루 잘 놀이하지만 가끔 속상한 일이 있을 때 말하지 않고 혼자 울 때도 있습니다. 좀 더 담임교사에게 마음을 열고, 적응을 잘하도록 곁에서 많이 챙기고 보살피겠습니다.

2. 4월의 소통 자료

□ **신체 검사 결과 안내(전연령)**

[신체 검사 실시 개요]

- 실시시기 : 4월 1주
- 실시장소 : 체중계가 있는 장소(보건실, 혹은 기타 교실 등)
- 소요시간 : 학급 유아 전체 30분 정도
- 대　　상 : 학급 유아 전체
- 검 사 자 : 학급 담임

1) 사전 협의

사전협의는 매월 정기적으로 이루어지는 월중 업무 때 이루어진다. 신체검사는 다른 월별 소통자료에 비해 수월하게 이루어질 수 있는 소통이다. 유아의 체격 검사는 연 2회 반드시 실시하여 생활기록부 작성을 위한 기초자료로 미리 준비하여야 한다. 기관에서는 미리 신장과 체중을 측정할 장소를 선정하고 기계에 이상은 없는지 미리 확인해 둔다. 또한 학급 수가 많을 경우에는 사전에 협의를 통하여 사용 시간을 조정한다. 신체검사는 유아교육기관에서 모두 실시하여야 하는 것으로 검사의 필요성이나 실시 방법에 대해 구체적으로 설명하기보다는 핵심내용을 중심으로 간결하게 진행하며 시간은 15~20분 정도 소요된다. 사전협의 내용은 아래와 같다.

신체 검사 사전 협의	
	• 담당교사의 신체검사 실시 계획 안내
	• 신체검사에 사용할 도구 상태 확인(기계 작동 방법 안내)
	• 검사 시기 선정
	• 학급별 신체검사 시간과 순서 정하기
	• 검사에 도움을 줄 조력자 선정(사진 촬영, 검사자와 대기자 안내)
	• 검사 후 마무리와 안내자료 통지 일정

2) 준 비

신체 검사 준비는 간단하다. 신장과 체중을 잴 수 있는 기계(자동 신장 체중계인 보디, 신장계, 체중계 등), 측정한 신장과 체중을 옮겨 적을 유아 명단을 준비한다. 유아가 신장이나 체중을 잴 때의 모습을 담을 카메라도 미리 준비한다.

준 비

- 체중계와 신장계
- 학급 유아 명단(측정한 신장과 체중 기록)
- 사전협의를 통해 정한 학급별 신체검사 날짜와 시간 확인하기

3) 검사 실시

신체검사의 장소는 기계를 작동할 수 있는 전기 시설이 되어 있는 곳이 좋으며 사진을 찍었을 때 어둡지 않고 햇볕을 등지지 않는 곳이 좋다. 검사는 사전협의를 통해 정해진 시간에 담임이 실시한다. 신장계와 체중계의 바른 사용 방법에 대해 안내한 후 정확한 측정이 이루어지도록 한다. 미리 준비한 유아 명단에 측정 후 즉시 기록한다. 소아발육 표준치를 기준으로 신장과 체중은 소수점 두 번째 자리까지 기록하며 키와 몸무게를 재는 모습을 촬영한다. 사진 촬영과 만 3, 4세 유아가 검사하는 것을 도와줄 보조 인력을 미리 생각해둔다.

4) 안내자료 작성

가정으로 통지할 안내 자료는 학급 담임교사가 작성한다. 신체검사 실시 때 기록한 것을 기초로 사진과 신체검사 결과를 기록한 후 가정으로 통지한다. 과체중 등으로 가정과의 연계가 필요한 경우 학부모와의 개별면담 기초자료로 활용한다. 사전 협의를 통해 가정으로 통지할 날짜가 정해져 있으므로 이에 맞추어 미리 작성한다. 가정 통지는 월말에 이루어진다.

5) 가정으로 안내

〈신체검사 결과 안내〉

♥♥유치원

반명 : 열매 1반 / 이름 : ★★★

안녕하세요?

본 자료는 2015년 1학기에 실시한 유아 신체검사 결과입니다. 본 검사는 담임교사에 의해 실시되었으며 그 결과를 바탕으로 유아의 신체발달 정도를 이해하고 유아의 신체 발달을 돕는 참고자료로 활용하였습니다.

소아발육 표준치: 체중·신장·체질량지수

남아				연령	여아			
체중(kg)	신장(cm)	체질량지수 (kg/m²)	머리둘레 (cm)		체중(kg)	신장(cm)	체질량지수 (kg/m²)	머리둘레 (cm)
13.14	89.38	16.71	49.06	2~2.5세	12.50	88.21	16.34	48.08
14.04	93.13	16.29	49.66	2.5~3세	13.42	91.93	16.01	48.71
14.92	96.70	15.97	50.10	3~3.5세	14.32	95.56	15.76	49.18
15.91	100.30	15.75	50.43	3.5~4세	15.28	99.20	15.59	49.54
16.97	103.80	15.63	50.68	4~4.5세	16.30	102.73	15.48	49.82
18.07	107.20	15.59	50.86	4.5~5세	17.35	106.14	15.43	50.04
19.22	110.47	15.63	51.00	5~5.5세	18.44	109.40	15.44	50.21
20.39	113.62	15.72	51.10	5.5~6세	19.57	112.51	15.50	50.34
21.60	116.64	15.87	51.17	6~6.5세	20.73	115.47	15.61	50.44
22.85	119.54	16.06	51.21	6.5~7세	21.95	118.31	15.75	50.51
24.84	123.71	16.41		7~8세	23.92	122.39	16.04	

검사결과에 대한 보호자 의견	

신체운동·건강 - 신체검사

<table>
<tr><td>이름</td><td>★★★</td><td>학급</td><td>열매-○반</td><td>평가유형</td><td>측정을 통한 검사</td></tr>
<tr><td rowspan="2">검사</td><td>날짜</td><td colspan="2">신장</td><td colspan="2">체중</td></tr>
<tr><td>2015. 4. 14</td><td colspan="2">114.3cm</td><td colspan="2">20.8kg</td></tr>
<tr><td colspan="2">한국소아표준발육치(2007)에
의한 남아평균기준(만 5세)</td><td colspan="2">110.47cm</td><td colspan="2">19.22kg</td></tr>
<tr><td colspan="6">신장 체중 검사 모습</td></tr>
</table>

<table>
<tr><td>해 석</td><td>★★는 한국소아표준발육치(2007)를 기준으로 키는 평균보다 4cm 큰 편이며, 몸무게는 평균에 속해 있습니다.</td></tr>
</table>

Tip

소아발육 표준치에 제시된 나이는 만 나이이며 만 5세 1학기경우에는 5~5.5세, 2학기 경우에는 5.5~6세를 기준으로 남아와 여아를 구분합니다.

6) 학부모와 소통

만 3세 학부모 의견	잘 먹고 건강해지니 감사할 따름이네요. 작고 몸무게가 많이 나간다고 생각했는데 이 정도면 양호하네요. 중간점검 감사해요. 식사량이 많지 않고 먹는 것도 부실해 좀 작지 않나 했는데 표준이네요. 정상적으로 잘 자라는 것 같아 다행이네요. 좀 더 잘 먹어 쑥쑥 컸으면 좋겠어요. ★★이는 키에 비해 몸무게가 작게 나가서 항상 신경 쓰고 있어요. 먹는 속도도 많이 느리지만 칭찬해주면 열심히 먹으려 노력해요. 유치원에서 점심 먹을 때나 우유 먹을 때 조금 더 먹을 수 있도록 지도해주세요.
만 4세 학부모 의견	작년에 비해 키도 많이 자라고 몸무게도 많이 늘어 너무 고맙고 행복합니다. 언제나 몸도 마음도 건강하기만을 바라는 엄마 아빠 마음을 아는 듯 요즘엔 규칙적인 생활에 밥도 잘 먹네요. 유치원에서도 우유랑 밥도 더 잘 먹을 것을 기대해 봅니다. ★★이가 먹는 양이 많지 않고 편식이 조금 있어 신체적인 발달에 다소 우려가 되었는데, 평균보다 신장도 크고 체중도 많아 다행입니다. 골고루 영양 있게 음식을 먹고 몸도 마음도 더욱 건강한 ★★이가 되었으면 합니다.
만 5세 학부모 의견	몸무게가 점점 늘어나는 것 같아 걱정이 많이 됩니다. 건강을 위해서 운동도 많이 시키려고 하고 음식조절도 하고 있지만 쉽지 않네요. 원에서도 신경 많이 써주신다고 하니 조금 마음이 놓입니다. 지속적으로 신경 부탁드리며 가정에서도 지속적으로 노력하겠습니다. ★★이는 또래에 비하여 키가 조금 작고 체중이 많아 운동과 간식조절을 가정에서 신경 써서 지도할 계획입니다. 늘 체격이 왜소했는데, 키와 몸무게가 표준치 보다 큰 걸 보니, 뿌듯하고 대견하네요. 과거엔 편식도 심하고, 자기가 싫은 건 절대 먹지 않았는데 요즘은 키 크는 음식, 건강에 좋은 음식에 관심이 많아졌어요.

〈학부모의 회신에 대한 교사 의견 및 교육활동 반영〉

만 3세 반영 내용	★★이가 반에서도 평균 정도 키와 몸무게를 가지고 있어요. 균형적으로 발달하고 있으니 걱정하시지 않아도 될 것 같아요. 또한, 식사량도 적당하고 고른 음식 섭취가 이루어지고 있답니다. ★★가 유치원에서는 식사를 잘하는 편입니다. 간혹 편식을 하는 경우가 있는데 교사가 권유하면 잘 먹고 좋아하는 음식이 나오면 식사량도 많습니다. 조금씩 식사량을 늘리고 골고루 먹을 수 있도록 지도하겠습니다. 학기 초에는 우유 한 개를 다 먹는 것을 힘들어하고, 다 먹지 못했지만, 점차 먹는 양이 늘어났으며 요즘에는 시간이 오래 소요되긴 하나 우유 한 개를 다 먹고 있습니다. 유치원에서도 밥을 먹는 속도가 느리기는 하나, 편식은 하지 않고 골고루 먹고 있으며 부지런히 먹도록 유도하면 점심 시간 내에 먹으려고 노력하는 모습을 보입니다. 도윤이가 점심이나 우유를 주어진 시간 내에 먹을 수 있도록 지속적으로 지도하고 있습니다.
만 4세 반영 내용	우리 반에서 키와 몸무게가 많이 큰 편이네요. 학부모님께서 잘 돌봐주신 덕분입니다. 아이들이 건강하게 자라는 모습을 보니 교사인 저도 흐뭇합니다. 유치원에서도 급·간식 시간을 통해 골고루 먹을 수 있도록 조금 더 세심하게 신경 쓰도록 하겠습니다. 유치원에서도 학기 초에는 먹는 양이 좀 적었습니다. 하지만, 요즘은 부쩍 많이 먹고 활동량도 많아졌어요. 우리유치원 급식이 맛있다고 합니다. 유치원에서도 잘 먹고, 잘 놀고, 튼튼하게 자라는 성빈이가 될 수 있도록 지도하겠습니다.
만 5세 반영 내용	상담할 때 ★★이의 가정에서의 식습관을 알게 되어 큰 도움이 되었고요. ★★이의 체중조절을 위하여 노력하신다고 하여 걱정을 덜었습니다. 유치원에서도 틈틈이 체중체크를 통하여 ★★이의 건강을 확인하고 건강하게 먹고 뛰어놀 수 있도록 최선을 다하겠습니다. ★★이는 나이 차이가 많이 나는 고등학생 오빠가 있는 늦둥이입니다. 상담 결과 귀여움을 독차지해 간식을 많이 주고 오빠의 식습관에 따라 패스트푸드를 즐기기 때문이라 하여 운동을 많이 하고 간식을 줄이기로 하였습니다. '맛있는 음식과 영양' 주제로 활동하고 난 후부터 몸에 좋은 음식에 관한 관심이 높아졌습니다. 그 덕분인지 편식 없이 잘 먹고 건강하게 생활합니다.

3. 5월의 소통 자료

□ 교우도 검사 결과 안내(전연령)

[교우도 검사 실시 개요]

- 실시시기 : 5월 2주
- 실시장소 : 학급 교실
- 실시시간 : 대·소집단 활동 시간 중 실시
- 소요시간 : 25 ~ 30분
- 대　　상 : 학급 유아 전체

1) 사전 협의

사전협의는 매월 정기적으로 이루어지는 5월 첫째 날 수업을 마친 오후에 전 교직원이 모인 가운데 이루어진다. 교우도 검사는 연 2회 실시한다. 사전협의에서는 교우도 검사의 실시 방법 및 실시시기에 대해 협의가 이루어진다. 학급별로 교우도 검사를 알아보는 방법에 대한 협의가 이루어지는데 만 3세와 만 4세의 경우는 유아들이 현재 좋아하는 친구와 앞으로 친하게 지내고 싶은 친구를 지목해보는 방법을 선택하였다. 만 5세의 경우는 친구의 이름을 쪽지에 적어보거나 지목하는 방법을 자유롭게 선택하도록 하였다. 좋아하는 친구를 알아보는 과정에서 소외로 인하여 마음의 상처를 받지 않도록 배려해주고 교육적으로 활용할 수 있는 방안에 대한 협의가 이루어진다. 비인기아와 고립아가 나왔을 시 어떻게 할 것인지 교사들과 서로 협의하고 학부모에게 어떻게 통지할 것인지에 대해 협의한다. 담임교사는 유아들의 친구에 대한 선호도를 조사하여 학급별 소시오그램을 작성한다. 소시오그램의 여러 형태 중 어떤 것을 선택할지에 대한 협의도 이루어진다.

2) 준 비

교우도 검사는 유아의 교우 관계를 면담을 통하여 조사하여 간단하게 작성한다. 5월 중순에 학급 전체 유아들을 대상으로 좋아하는 친구, 좋아하는 이유 등을 조사한다. 유아들이 좋아하는 친구와 싫어하는 친구를 이야기할 때 기록할 자료와 면담의 시간 등을 계획하는 것으로 손쉽게 이루어진다. 가정으로 통지할 때 학급 친구의 사진도 함께 보내드릴 수 있도록 학급 유아의 개별사진과 학급 전체 사진을 미리 준비해둔다. 사진을 개별 유아별로 폴더를 만들어 관리하면 더욱 효율적이다.

준 비

- 학급 유아들과의 래포 형성
- 교우관계를 기록할 자료(좋아하는 친구, 이유 등)
- 교우도 검사 계획이 반영된 일일교육계획

3) 검사 실시

학급마다 검사 실시 방법에 차이가 있기는 하지만 대체로 5월 중 자유선택활동시간에 유아와 일대일 면담으로 교우도 검사를 실시한다. 검사는 조용한 장소와 시간을 선택하여 실시하는 것이 효율적이지만 시간을 내기 어려우므로 일과 중 자유선택활동시간을 이용하면 좋다. 놀이가 이루어지는 가운데 놀이하는 친구를 바라보며 유아 자신이 좋아하는 친구를 찾는 경우가 많기 때문에 특히 교우도 검사는 자유선택활동시간에 자유롭게 교사와 유아가 일대일 면담으로 실시하는 것이 더 효과적이다. 검사 유의 사항으로는 다른 유아가 검사에 영향을 주지 않도록 하며 친구 이름을 말하지 못할 경우 교사가 도움을 줄 수 있다(심성경 외, 2012).

검사 방법은 개별 유아에게 좋아하는 친구를 묻고 그 중 가장 좋아하는 친구와 그 친구를 좋아하는 이유에 대해 물은 뒤 관련 내용을 기록한다. 또 친해지고 싶은 친구와 친해지고 싶은 이유에 대해서도 기록한다. 모든 유아의 면담이 끝

난 뒤 가정 통지 자료를 정리한다. 학부모의 이해를 돕기 위하여 자녀가 좋아하는 유아 사진, 자녀를 좋아하는 유아 사진을 첨부한다. 친구의 이름을 모를 경우를 대비하여 학급 사진을 준비해 놓고 이름을 모를 경우 사진을 보고 찾아 손가락으로 짚을 수 있도록 도움을 줄 수 있다. 별도의 컴퓨터 작업 없이 유아와 면담하면서 적은 후 뒷장에 사진을 첨부하면 시간을 절약할 수 있다.

유아와 면담한 자료를 기초로 사회성 소시오그램 평가를 작성하고 비인기아와 고립아에 대해 어떻게 지원하고 지도할 것인지를 작성하여 실천한다. 자녀의 교우관계에 대해 학부모의 관심이 높은 만큼 면담이 필요한 경우 교사가 먼저 요청하거나 학부모의 면담 요청이 있을 시에 개별 면담을 계획하여 실시한다.

▼ 교우도검사 실시 모습

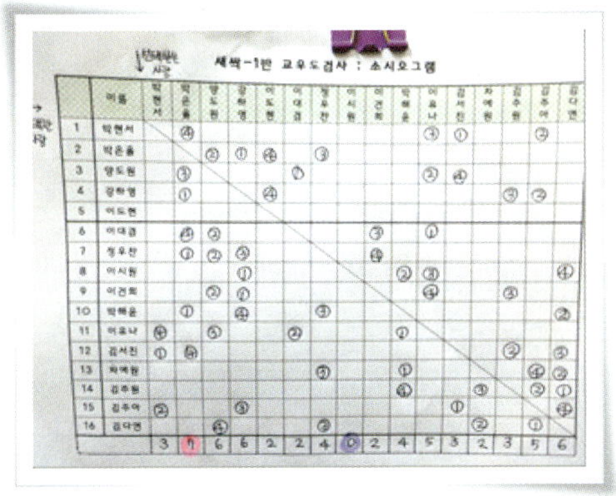

▼학급별 다양한 형태의 소시오그램

4) 가정으로 안내

〈교우관계 검사 결과 안내〉

교우관계 검사는 유아와 일대일 면담으로 이루어진 검사로 2014년 5월 중 자유선택활동 시간을 이용하여 자연스럽게 진행하였습니다. 사람에게 있어서 친구는 매우 중요한 인간관계로 유치원에서의 친구관계 역시 사회성 발달 정도를 판단할 수 있는 중요한 자료입니다. 친구와 자연스럽게 친숙해지고 양보하고 협력하며 지낼 수 있는 능력은 더불어 살아가는 민주시민의 자질함양을 위한 기본 능력입니다. 유치원에서 실시한 교우관계 검사 결과는 아래와 같습니다.

★★★의 교우 관계

교우도(3월 ~ 5월)

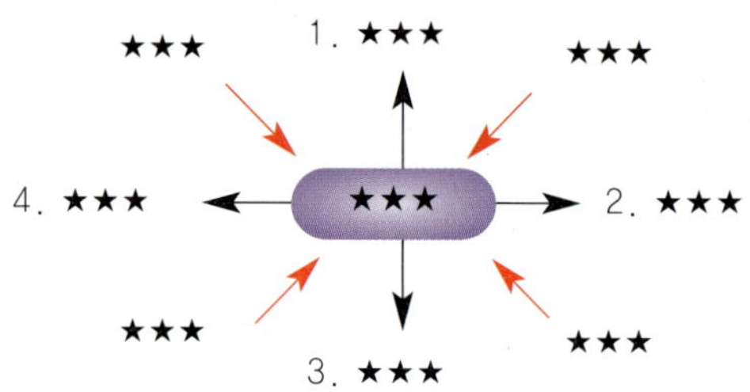

면담 내용	가장 좋아하는 친구	★★★
	좋아하는 이유	★★이는 나랑 놀아줘서
	친해지고 싶은 친구	★★★
	친해지고 싶은 이유	★★가 예뻐서요

★★가 좋아하는 친구들			
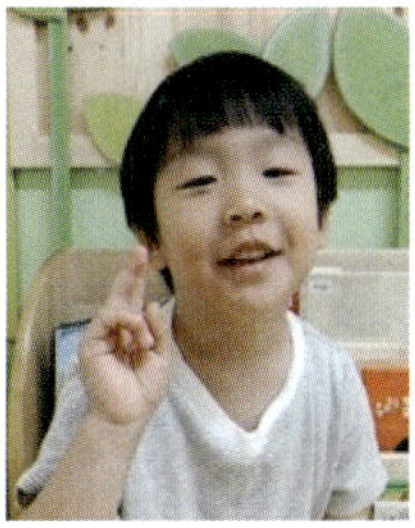	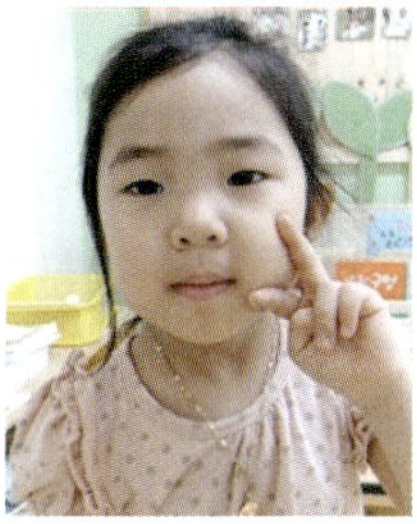	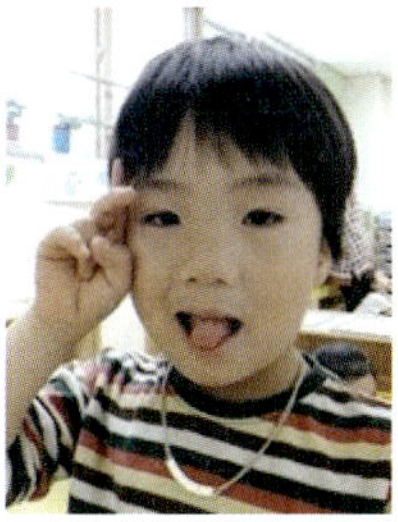	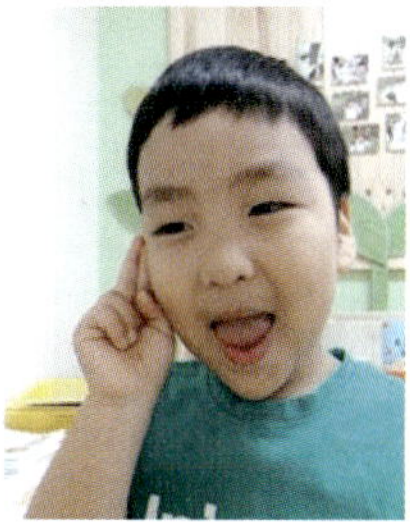
★★★	★★★	★★★	★★★

★★를 좋아하는 친구들			
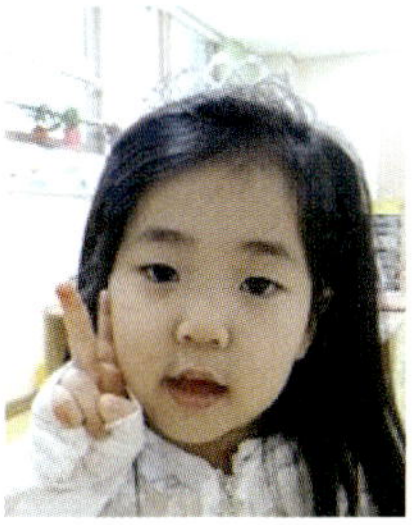	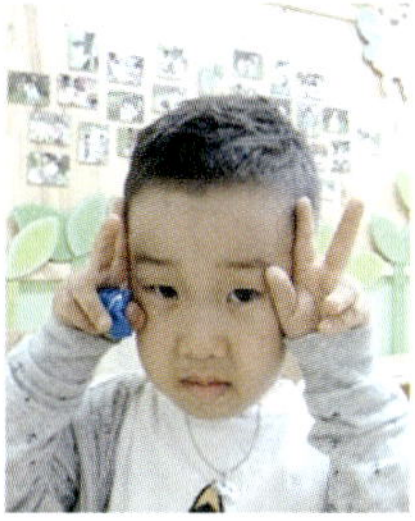	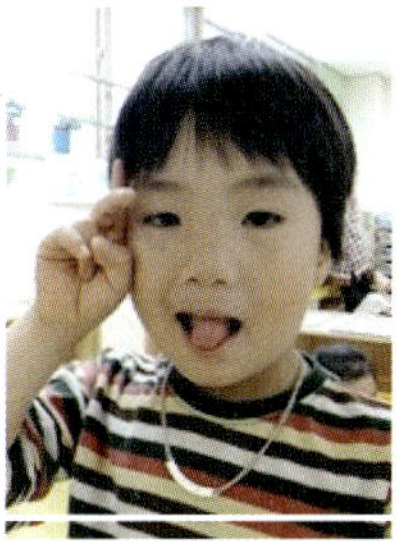	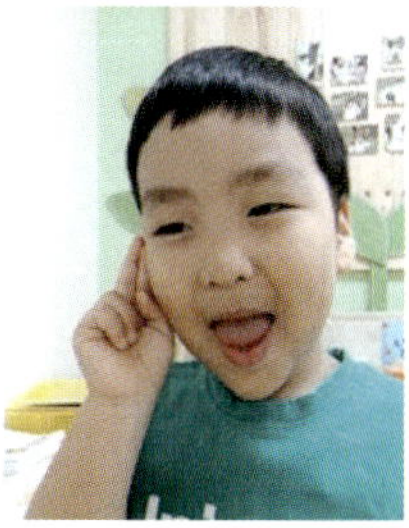
★★★	★★★	★★★	★★★

▶ 친구들과 함께 찰칵

 검사결과에 대한 보호자 의견	

소통 계획 세우기
소통한 사례
소통의 효과

5) 학부모와 소통

만 3세 학부모 의견

- 아이들이 성별 구별 없이 사이좋게 지내는 모습이 그려지네요~^^ 어려서부터 좋은 친구들을 만나 우정에 대해 긍정적으로 생각할 수 있는 아이로, 아이들로 자랐으면 좋겠네요~~^^
- ★★이가 좋아하는 친구들에 ○○이가 빠져서 의외이긴 하지만 평소에도 자주 좋아하는 친구들 얘기를 했었어요. ♥♥이와는 아기 때부터 친구였는데 새로운 친구들과 함께하는 걸 더 좋아하는 것 같네요. 앞으로는 반 친구 모두가 좋아하는 친구였으면…. 엄마의 큰 바람입니다.
- 친구들과 조금씩 가까워지는 게 보여서 정말 다행이고 친구들과도 수다쟁이가 되는 바람을 가져봅니다.

만 4세 학부모 의견

- 새싹반에서 형님반인 꽃잎반으로 간다는 설렘도 잠시 새싹반에서 친했던 친구들과 같은 반이 되지 못해 한 달 반 정도 많이 힘들어했었어요. 그 기간 동안 집에서 유치원 이야긴 전혀 하질 않았고요. 매일 이야기해주던 친구들 이야기도 하질 않았어요. 그러던 아이가 4월 담임 선생님과의 면담 후 유치원을 다녀온 후론 많이 달라졌답니다. 새싹반땐 자주 오던 엄마가 꽃잎반이 된 후 동생 때문에 자꾸 못 와 서운한 것도 있었다고 했고요. 무엇보다 친구들 이야기도 다시 조금씩 하기 시작 하더라고요. 교우관계 검사결과 보니 한결 더 마음이 놓입니다. ★★가 좋아하는 친구들이 생겼고 ★★이를 좋아해주는 친구가 있다니 너무 고맙기까지 하네요. 아직도 가끔 새싹반 때 친했던 친구들 이야기를 하고 하지만 이렇게 새로운 친구들과 다시 정이 들고 마음을 열어가는 ★★가 대견하고 고맙습니다. 무엇보다 선생님께 감사드립니다. 선생님 감사합니다.
- 전체사진을 보여주며 물어보니 위에 있는 친구들 외에 다른 친구들로 이야기해주네요. 아직 단짝 친구 개념은 없는 것 같지만, 호감인 친구들은 계속 호감이에요. ◎◎와는 앞으로 단짝이 되려나요? 서로 좋아하는 걸 보니~~~~ 친구이야기를 함께 나눌 수 있는 기회가 되었습니다. 감사합니다.

만 5세 학부모 의견

- 집에 와서 ○○, △△이 이야기를 많이 하며 삼총사라고 하더라고요. ★★이를 좋아해 주는 친구들이 많아서 좋네요. 반면 ★★이도 너무 좋아하는 친구 말고 두루두루 다른 친구들하고 교류가 많았으면 좋겠습니다.
- ★★이는 좋아한다는 개념이 확실히 서 있지는 않은 것 같습니다. 특별히 누굴 좋아하거나 싫어하는 친구도 없는 것 같으며 흔히 또래들 보면 누가 좋아서 누구랑 앉고 싶고 누구랑만 놀고 싶고 누가 안 놀아 준다거나 그런 얘기도 한 적이 없습니다. 친구 얘기는 자주 하는 편이지만 그냥 누구랑 어떤 놀이를 하며 놀았다 정도입니다. 그래서 어떤 친구가 좋으냐고 물었을 때 쉽게 대답을 하지 못했을 것 같습니다.
- 아이가 집에 돌아와 늘 친구들과 재미있게 놀았다고만 하지, 어떤 친구와 놀았는지, 누구와 친하게 지내는지 궁금했는데 이렇게 과학(?)적인 자료로 받아보니 더 믿음이 가고 유치원 생활에 대한 이해가 더 잘 되는 것 같습니다.

〈학부모의 회신에 대한 교사 의견 및 교육활동 반영〉

만 3세 반영 내용	★★이는 자신에 대한 자신감이 소극적인데 반해, 반 아이 중에서 인기아에 속하였으며, 학부모님의 회신과 같이 남녀 친구들이 고르게 교우관계를 쌓아가고 있습니다. 이러한 교우관계에서 ★★이가 조금 더 자신에 대해 자신감을 가질 수 있도록 지원하겠습니다. ★★이가 좋아하는 친구들도 많고 어울려서 놀이하는 친구도 다양합니다. 특정 친구와 놀이하기보다는 내가 하고 싶은 놀이에 함께 참여하고 있는 유아와 같이 놀이하면서 다양한 친구들을 좋아하게 된 것 같습니다. 앞으로 반 아이들과 즐겁게 놀이하며 서로 친하게 지낼 수 있는 친사회적인 경험을 많이 할 수 있도록 지도하겠습니다. 통합활동 시간에 또래 친구들이 ★★이에게 관심을 보이며 질문을 하거나 놀이하려 합니다. 처음에는 또래 친구들이 말을 걸거나 놀이를 하자고 말해도 적극적인 참여를 보이는 데 어려움이 있었습니다. 자유선택활동 시간 및 통합 활동시간에 친구들에게 인사도 하고, 또래와 놀이를 할 때 잠깐의 교사 개입을 통해 친구들과 놀이를 할 수 있도록 지원을 하고 있습니다. ★★이도 점차 또래 친구들에게 관심을 가지고 먼저 상호작용을 하려는 시도를 보이고 있습니다. 지속적으로 ★★이가 또래 친구들과 상호작용 할 수 있도록 지원하겠습니다.
만 4세 반영 내용	학기 초에 ★★에 대해 정확히 파악하지 못한 상태에서 등원할 때 ★★의 무표정한 표정 때문에 걱정을 많이 했는데 지금은 적응되어 친구들 이야기도 한다니 마음이 놓이네요. 지금은 친구들과 상호작용도 잘하고 밝은 얼굴로 등원하는 것 보니 저도 대견하게 생각됩니다. ★★는 주로 남자 친구들과 자주 노는 편입니다. 가끔 새싹반 친구들을 만나면 무척 좋아하고요. ★★가 좋아하는 친구들도 작년에 같은 반 아이들인 경우가 많더라고요. 교사는 좀 더 ★★를 관심 있게 지켜봐주고 아이가 원하는 것이 무엇인지 관찰해보겠습니다. 지금은 친구들과 노느라 가끔 정리정돈을 안 하는 경우도 있는 것을 보면 우리 반 친구들과 사이좋게 잘 지내고 있다는 거겠죠~ 우리 ★★는 항상 밝은 모습으로 친구에게 친절합니다. 친구를 너무 좋아하는 마음을 친구의 일을 도와주면서 표현합니다. ◎◎와 정말 단짝이 될까? 저도 궁금합니다. 아침 등원 시 만나면 서로 반가워하며 살갑게 맞이하는 모습을 보면 기특합니다. 유치원 생활에서도 친구관계 형성은 가장 중요한 부분입니다. 앞으로 우리 ★★가 친구를 더 사랑하고 배려하는 모습으로 자랄 수 있도록 하겠습니다.
만 5세 반영 내용	학기 초에 ★★이가 유치원이 낯설어 울면서 유치원에 왔었는데 이렇게 좋아하는 친구가 생기고 삼총사가 되었다니 기쁘네요. ★★이에게 좋아하는 친구를 물었을 때 삼총사 말고는 더 없다고 이야기했어요. 어머님의 말씀대로 규림이가 다른 친구들과 두루두루 어울릴 수 있는 기회를 많이 마련하도록 하겠습니다. 가령 협동 활동이나 짝꿍 활동 등에 신경을 쓰도록 하겠습니다. 학부모님의 회신을 하고 나서 유아의 특징을 더 잘 파악할 수 있었다. 교우도 검사 후 소외된 아이, 인기 없는 아이 등을 알 수 있었고, 놀이시간에 교사가 적극 참여하여 소외되는 유아 없이 모두 즐겁게 놀이할 수 있도록 지도하게 되었다. ★★이는 친절하고 상냥한 성격으로 남자아이뿐만 아니라 여자아이들과도 두루 어울려 잘 놀이합니다. ★★이를 좋아하는 친구와 OO이가 좋아하는 친구가 거의 흡사하며, 친구들과 함께 놀이하는 것을 중요하게 생각하고 있습니다.

4. 6월의 소통 자료

□ 자유선택활동 놀이 선호도 분석 결과 안내(만 4, 5세)

[자유선택활동 놀이 선호도 분석 실시 개요]

- 자유선택활동 기간 : 4월 ~ 6월
- 실시시간 : 자유선택활동
- 실시장소 : 학급별 교실(흥미영역)
- 선호도조사방법 : 유아의 자유선택활동 자기평가(놀이계획–선택–평가), 담임교사의 관찰
- 대　　상 : 학급 유아 전체
- 분석에 소요된 시간 : 유아 1인당 20분 정도

1) 사전 협의

놀이선호도는 자유선택활동에서 개별 유아의 놀이 선호 정도를 분석하여 알려주는 자료이다. 자유선택활동 선호도 분석은 1회의 협의로는 부족하므로 연령별 협의 때 지속적으로 협의가 이루어지는 것이 바람직하다. 연령별 교육계획 수립을 위한 협의 시 자연스럽게 자유선택활동 운영과 놀이 선호도 분석에 관한 내용도 함께 협의한다. 만 3세는 1학기 때 놀이를 계획하고 평가하는 어려움을 느끼므로 1학기 동안에는 자연스럽게 놀이하면서 영역의 이름을 숙지하는 것으로 협의하였다. 따라서 놀이 선호도 분석은 만 4, 5세를 대상으로 하며 만 3세는 2학기 때 별도로 계획하여 실행하는 것으로 하였다. 4, 5세의 경우도 4월부터 소책자를 활용하여 놀이계획-수행-평가가 이루어진다. 자유선택활동을 계획하고 평가하는 '신나게 놀면서 배우는 자유선택활동(자체 제작)' 소책자를 참고하여 개별 유아의 놀이선호도를 분석한다. 매주, 매월의 놀이선호도 통계는 평가 시간에 교사와 함께하거나 가정과 연계하여 진행한다. 특히 어린 연령은 그래프 활동이나 수세기 활동에 개별 지도가 필요할 수 있으므로 매주 혹은 매월 가정

으로 보내어 학부모와 함께 놀이선호도의 통계를 함께하는 것도 평소 유치원의 자유선택활동 운영을 이해하는 좋은 기회가 된다. 6월 중 자유선택활동 결과를 분석하기로 계획되어 있으므로 자유선택활동에서 놀이하는 유아의 모습과 놀이에서 보이는 특성 등을 관찰하여 기록해둔다. 자유선택활동 놀이 선호도 분석은 교사가 좀 더 적극적인 관심을 가지고 접근해야 한다.

사전 협의	• 담당교사의 자유선택활동 선호도 분석 실시 계획 안내 • 유아별 자유선택활동 소책자 정리 및 이기(유아 자기평가 자료) • 교사의 관찰 자료 정리(관찰기록 및 사진 자료) • 검사 후 마무리와 안내자료 통지 일정

2) 준 비

놀이 선호도 분석은 자유선택활동을 중심으로 분석한다. 놀이 선호도 분석을 위해 누리과정에 제시되어 있는 흥미영역을 구성하고 1일 1시간 이상의 자유선택활동을 운영하며 유아의 놀이 계획-실행-평가를 기록할 자료를 준비한다. 우리 기관에서는 신나게 놀면서 배우는 자유선택활동 소책자를 자체 제작하여 사용하였다. 소책자는 연령별로 유아의 발달 수준에 알맞게 구성하여 사용한다. 자유선택활동 소책자는 유아의 놀이계획-실행-평가를 1년 동안 기록하는 자료로서 매월 가정으로 보내 학부모가 자녀의 놀이 상황에 대해 관심을 가질 수 있도록 제작되었다. 유아의 자기 평가 자료와 함께 교사는 자유선택활동 시간에 유아의 놀이를 지원하면서 관찰을 하고 관찰한 내용을 기록해 둔다. 유아의 놀이를 관찰하면서 틈틈이 놀이 장면을 골고루 사진으로 남겨둔다. 시행 초기에는 6월 초부터 필요한 사진을 찍기 시작하여 6월 말에 가정으로 통지하기에 시간이 많이 부족하였다. 또한 계획 없이 사진을 찍어둔 탓에 흥미영역의 모든 영역의 사진이 부족했던 기억이 남아 있다. 또한 유아의 사진은 편중되어 있어서 이 또한 난감했었다. 이러한 부분을 보완하여 2년 차에는 3월부터 6월까지 유아의 자유선택활동 모습을 미리 찍어 두었고 사진은 사용에 용이하도록 분류해 놓았다.

또한 월별비교 대신 4월부터 6월까지의 전체 놀이 선호도를 분석하는 것으로 수정하고 사진의 양도 줄여보았다.

준 비

- 신나게 놀면서 배우는 자유선택활동 소책자 유아별 통계
- 학급별 종합 평가 관리자료 정리(자유선택활동 부분)
- 교사의 관찰 기록 및 자유선택활동 영역별 놀이 사진(유아별로 준비)

▼ 연령별 자유선택활동 소책자

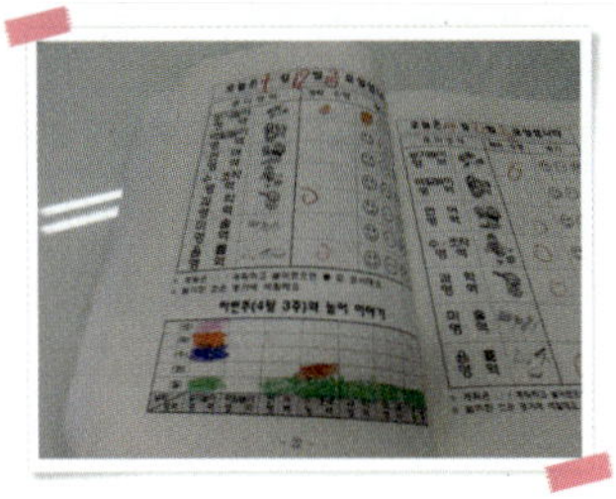

▼ 주별 자유선택활동 통계

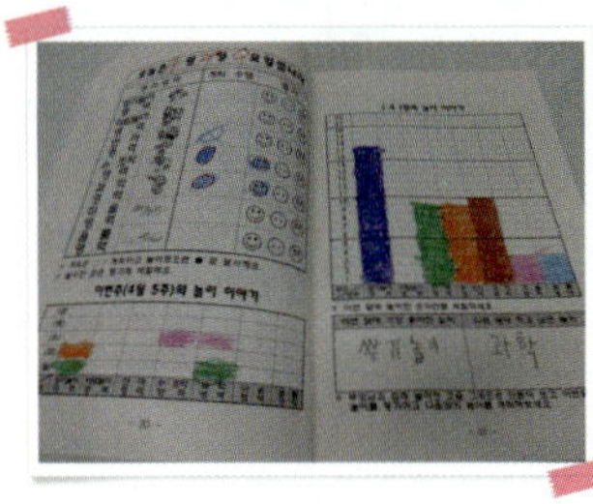

▼ 월별 자유선택활동 통계

3) 자유선택활동 운영

우리 기관의 자유선택활동은 매일 60분 정도 이루어진다. 흥미영역은 쌓기놀이영역, 역할놀이영역, 수 · 조작영역, 언어영역, 음률영역, 과학영역, 미술영역이 운영된다. 유아들은 자유선택활동이 시작되기 전 담임교사로부터 흥미영역에 조성된 놀이를 안내받고 매일 놀이 활동을 계획하고 놀이를 시작한다. 자유선택활동은 유아의 즉흥적인 흥미에 따라 무계획적으로 놀이하는 시간이 아니라 유아가 스스로 놀이 계획을 세우며, 계획에 따라 놀이를 수행하고, 적절히 평가하는 과정으로 운영된다.

우리기관의 자유선택활동은 자체 제작하여 제본한 '신나게 놀면서 배우는 자유선택활동' 소책자에 매일 놀이 계획, 놀이 수행, 놀이 평가를 관리한다.

소책자는 발달 수준에 따라 연령별로 운영되는데, 만 3세반의 자유선택활동 소책자는 2학기부터 시작되며 유치원 흥미영역을 인지하고, 자신의 놀이를 스스로 계획할 수 있도록 자연스럽게 시작한다. 만 4세반의 자유선택활동 소책자는 4월부터 시작된다. 1학기의 자유선택활동은 놀이를 계획하고 계획한 대로 수행하고 평가란에 평가한다. 2학기부터는 일주일 단위로 놀이한 것을 이번 주의 놀이 이야기를 통해 기초적인 통계로 나타내는 경험을 한다. 이를 통해 자신의 놀이 습관을 살펴보고 자신의 놀이를 관리해 볼 수 있도록 한다. 만 5세반의 자유선택활동 소책자는 4월부터 시작된다. 1학기의 자유선택활동은 놀이를 계획하고 계획한 대로 수행하고 평가란에 평가를 한 후 일주일 단위로 놀이한 것을 이번 주의 놀이 이야기를 통해 기초적인 통계로 나타내는 경험을 한다. 4세반부터 지속되어온 이번 주의 놀이이야기는 이미 유아들에게 익숙한 활동으로 자리잡게 된다. 만 5세는 이에 한 발 더 나아가 매월 단위로 흥미영역별 놀이 횟수와 놀이 선호도를 분석해 볼 수 있도록 막대그래프 형식으로 구성한다.

'신나게 놀면서 배우는 자유선택활동' 소책자는 매월 넷째 주에 가정으로 보내드린다. 가정에서는 매월 보내드리는 소책자를 통해 가정에서는 유아의 놀이 활동에 대해 이야기를 나누고 다양한 놀이를 할 수 있도록 관심을 갖게 한다.

4) 안내자료 작성

가정으로 통지할 안내 자료는 4월부터 6월까지의 놀이의 계획과 평가 자료를 기초로 계획과 수행의 통계를 계산하고 교사의 의견을 기록한다. 덧붙여 영역별 활동 모습을 사진자료로 담은 뒤 교사 의견을 기록한다. 자녀의 놀이에 대한 학부모님의 의견은 어떠한지를 회신받아 가정과의 연계를 도모한다. 만 3세의 경우 1년 차에는 가정통지를 하지 않았지만 2년 차에는 놀이 계획과 수행 평가를 분석한 자료를 제외하고 자유선택활동의 모습을 안내함으로써 유치원에서의 자유선택활동 운영 및 활동 모습을 소개하는 것으로 작성한다.

5) 가정으로 안내

〈자유선택활동 놀이선호도 분석 결과 안내〉

반명 : 열매 1반 / 이름 : ★★★

안녕하세요?

아이들에게 놀이란 기대하게 하고 자발적으로 참여하게 하는 신나고 즐거운 활동입니다. 아이들의 놀이는 전인발달을 이루고 교육적인 의의를 가집니다. 그래서 유아교육에서는 놀이중심 교육이 중요한 원리로 여겨지고 매우 자연스럽고 당연하게 받아들여져 왔습니다. 교육적 의도를 포함한 놀이경험은 아이들에게 발달적으로 적합한 교육의 기회를 제공해주며 자기 동기화된 학습자가 되도록 격려한다고 믿어왔습니다. 우리 유치원에서는 자유선택활동 시간을 통해 놀이 중심의 유아교육을 실천하는 중요한 시간으로 자유선택활동을 운영하고 있습니다. 우리유치원의 자유선택활동 운영과 개별 유아의 놀이선호도를 알려드립니다.

자유선택활동의 운영

우리유치원의 자유선택활동 시간은 유치원 전체 교육 시간 중 많은 비중을 차지하는 중요한 활동시간으로 하루일과의 1/3 정도를 차지하고 있습니다. 자유선택활동 시간 운영을 위해 우리유치원에서는 주간교육계획안에 안내된 생활주제의 교육목표와 내용, 유아의 흥미와 발달 정도를 고려하여 다양한 활동과 교재 · 교구를 흥미영역별로 제공하고 있으며, 생활주제의 변화에 따라 수시로 보완하거나 교체하여 운영하고 있습니다.

자유선택활동은 매일 고정된 시간에 운영하는 것은 아니라 각 학급의 학급교육과정 운영계획에 따라 융통성 있게 운영됩니다. 우리유치원에서는 아침 등원 후 이야기나누기를 마친 9시 30분경에 이루어지는 경우가 많습니다.

자유선택활동은 유아가 스스로 놀이를 계획하고 수행한 후 자유선택활동 시간이 종료된 후 매일의 놀이에 대해 평가를 합니다. 우리 유치원에서는 유아가 놀이를 계획하고 수행하고 평가하는 일련의 과정을 '신나게 놀면서 배우는 자유선택활동' 소책자를 유치원에서 제작하여 1년 동안 지속적으로 사용하고 있습니다.

※ 출처: 2012 개정 유치원 교육과정. 교육과학기술부고시 2012-16호(2012. 07. 10) .

자유선택활동 흥미영역과 운영

흥미영역	운 영
쌓기놀이 영역	다양한 종류의 소재, 모양, 색, 크기, 형태의 블록을 이용하여 일상생활에서 보고 들은 것이나 상상하는 것을 구성해볼 수 있는 공간입니다. 유아들은 다양한 구조물을 만들면서 공간 구성력과 분류, 측정 능력, 상상력을 기릅니다. 유아는 스스로 완성한 구성물을 자랑스럽게 여기고 자신감과 성취감을 가지게 됨으로써 긍정적인 자아개념과 불안감, 긴장감을 해소하기도 합니다.
역할놀이 영역	다양한 사람이나 사건에 대해 유아가 보고 경험하거나 희망과 욕구를 담아 상상하거나 생각한 것 등을 행동으로 표현해 볼 수 있는 공간입니다. 실제 사건이나 인물을 모방해 보고 가상적인 상황과 역할을 경험해보며 상상력이나 문제해결력을 기르며, 실생활에서 보고 경험한 다양한 상황을 표현해보며 다양한 생각과 느낌을 표출하고 부정적인 감정을 발상시키며 긴장을 이완하여 편안한 마음을 가지고 다른 유아들과 상호작용을 하며 협동과 배려 등의 사회적 기술을 익힙니다.
수 · 조작 영역	사물의 수나 양을 경험하고 조각 그림 맞추기, 끼우기, 바느질하기, 그룹게임 등을 하며 공간 및 도형에 대한 경험, 측정하기 등의 경험을 통해 규칙성을 파악하고 사물이 가진 속성을 준거에 따라 분류해보는 등의 활동을 하는 영역입니다. 이러한 놀이 경험은 생활주변의 문제를 논리 수학적으로 해결하기 위한 기초능력을 자연스럽게 길러줍니다.
언어 영역	언어영역은 듣기, 말하기, 읽기, 쓰기 등의 활동이 이루어지는 곳입니다. 주로 그림책보기와 읽기, 다양한 소리 듣기와 동화, 동시 듣기가 이루어지며 손인형, 그림 동화 등 간단한 매체를 활용하여 동극 상연도 이루어지고 글과 동시 쓰기 등 의사소통 관련 활동이 이루어집니다.
미술 영역	미술영역은 그리기 같은 평면 작업뿐 아니라 만들기, 꾸미기 등의 입체 조형을 통한 창의적 표현 활동이 이루어지는 곳입니다. 유아들은 그리기, 찢기, 붙이기, 만들기(점토로 만들기), 염색하기 등의 활동을 하면서 즐거움을 느끼며 눈과 손의 협응력을 기르고 자신의 생각과 느낌을 표현하며, 상상력과 창의력을 기르게 됩니다.
과학 영역	과학영역은 다양한 물체와 물질, 동물과 식물 등의 자연환경, 간단한 도구와 기계 등에 대해 호기심을 가지고 지속적으로 탐구하는 가운데 과학에 대한 기초 지식을 익히며 탐구하는 능력을 기르는 영역입니다. 특히 생명체와 자연환경을 소중하게 여기는 마음을 기르고 탐구과정의 즐거움을 맛봄으로써 과학적 사실에 더욱 호기심을 가지고 탐구하는 가운데 다양한 과학적 기초 지식을 얻을 수 있게 됩니다.
음률 영역	음률영역에서는 음악을 감상하고 노래를 부르며 악기를 탐색하거나 연주하며 소리의 빠르기, 세기, 장단, 높낮이, 리듬, 멜로디 등을 경험하며 노래로 자신의 생각과 느낌을 표현합니다. 또한 음악에 맞춰 신체를 이용하여 주변이 다양한 모양이나 형태, 움직임 자신의 생각이나 느낌을 율동으로 표현합니다. 이러한 활동을 통해 음악을 즐기고 음악적 감수성을 키우게 됩니다.

2014년★★★의 놀이선호도

반명 : 열매 1반 / 이름 : ★★★

영역	흥미영역	계획	수행	교사의견
4월	쌓기놀이영역	3	1	흥미영역 중 미술영역과 과학영역에 관심을 가지고 매일 선택하여 놀이하는 편입니다. ★★이는 여러 영역을 고루 선택하여 고루 놀이하려고 합니다. 언어 영역과 수·조작영역도 좋아합니다. 역할놀이와 쌓기놀이에도 점차 관심을 가지기 시작했습니다
	역할놀이영역	6	3	
	언어영역	8	5	
	수 · 조작영역	8	5	
	과학영역	12	11	
	미술영역	17	15	
5월	쌓기놀이영역	8	7	5월에는 모든 영역을 고루 선택하여 놀이하고 있습니다. 과학영역과 미술영역도 여전히 좋아하지만 역할놀이 영역과 쌓기놀이 영역의 놀이가 눈에 띄게 늘었습니다. 4월에 비해 친구들과 어울려 놀이하는 것에 재미를 느끼고 적극적으로 참여하여 놀이합니다.
	역할놀이영역	11	7	
	언어영역	9	6	
	수 · 조작영역	8	7	
	과학영역	8	7	
	미술영역	10	8	
6월	쌓기놀이영역	6	4	역할놀이가 현저히 많이 줄어들었고 4월에 선호하였던 과학영역과 미술영역 놀이에 많은 시간을 보냅니다. 놀이는 계획한 대로 실행하려고 노력하는 편입니다. 여러 영역을 선택하기보다는 한 영역에서 오랫동안 놀이하는 것을 좋아합니다.
	역할놀이영역	1	1	
	언어영역	6	5	
	수 · 조작영역	9	5	
	과학영역	10	6	
	미술영역	11	11	

자유선택활동 영역에서 놀이하는 유아 모습

▼ 쌓기놀이 영역

▼ 역할놀이 영역

▼ 수·조작 영역

▼ 언어 영역

▼ 미술 영역

▼ 과학 영역

▶ 선호하는 놀이(1)

선호하는 놀이(2) ▶

Tip

자유선택활동의 교육적 의의!

유아 스스로 선택하고 결정하는 경험을 해볼 수 있습니다.
유아의 개별적인 흥미, 요구, 관심에 따라 놀이하게 되므로 자율적이고 적극적인 학습이 이루어집니다.
스스로의 선택에 대한 책임감을 기를 수 있습니다.
유아와 교사 간 개별적인 상호작용이 이루어집니다.
양보, 배려, 질서 등 사회적 기술을 자연스럽게 익힐 수 있습니다.
자발적으로 통합교육이 이루어지는 효과적인 교육시간입니다.
유아 개인의 자유와 흥미가 존중되는 기쁘고 즐거운 시간으로 자유선택활동 종료시간을 알리면 언제나 아쉬움의 탄식이 흘러나옵니다.

2015년★★★의 놀이선호도

반명 : 열매 1반 / 이름 : ★★★

흥미영역	계획	수행	교사의견
쌓기놀이영역	12	9	과학영역, 미술영역, 언어영역에 대한 선호가 두드러지게 나타나고 있으며 관심을 보이지 않았던 역할놀이영역에 점차 관심을 보이고 있는 것으로 나타났습니다. 놀이를 많이 선택하기보다는 한 영역에서 집중해서 놀이하는 것을 좋아합니다.
역할놀이영역	15	11	
언어영역	23	21	
수 · 조작영역	8	5	
과학영역	25	23	
미술영역	21	17	
음률영역	9	5	

자유선택활동 영역에서 놀이하는 유아 모습

▼ 쌓기놀이 영역

▼ 역할놀이 영역

▼ 수·조작 영역

▼ 언어 영역

▼ 미술 영역

▼ 과학영역

가정에서 자녀의 놀이 모습은 어떤가요?

♡ 자녀가 가정에서 노는 모습을 사진자료와 함께 설명을 써서 보내주세요 ♡

6) 학부모와 소통

만 3세 학부모 의견	우리 ★★이가 어느 놀이를 주로 많이 하고, 어느 놀이를 좋아하지 않는지 알 수 있어 좋았으며 이러한 평가들의 누적으로 체계적인 교육과 객관적인 자료를 통해 교사와 아동의 관계뿐만 아니라 유치원과 학부모 간에도 소통이 원활함을 느낍니다.
만 4세 학부모 의견	자유선택활동하면 유아들끼리 마냥 놀기만 하는 줄 알고 있었습니다. 도대체 그 시간에 우리 아이는 어떠한 놀이를 하면서 지내고 있는지, 매일매일 자기가 좋아하는 같은 놀이만 하면서 지내고 있는 건 아닌지 궁금했습니다. 그렇다고 하원 하는 아이에게 매일 무엇을 하며 지냈는지 취조하듯 물어볼 수도 없고 그냥 잘 지내겠거니 생각만 하고 지나치곤 했습니다. 그러나 놀이 선호도 분석을 보고 우리 아이가 매일 어떠한 활동을 하고 지냈는지, 그 영역별 활동을 할 때 기분은 어떠하였지는지를 알 수 있어 궁금함이 조금이나마 풀렸습니다. 스스로 놀이를 계획하고 평가까지 할 수 있어 나아가서는 아이의 자기 주도적 학습에까지 좋은 영향을 줄 것이라 생각하게 되니 교육적으로 바람직하다고 할 수 있습니다. 다만 조금 더 바라는 점이 있다면 우리아이가 좋아하는 영역(미술, 역할영역)에만 활동이 치중되어 있으므로 새로운 경험을 할 수 있도록 가끔은 교사가 다른 영역에도 흥미를 갖고 활동할 수 있게 아이에게 제안을 해 주셨으면 합니다.
만 5세 학부모 의견	하루 종일 재미있게 놀다 왔다는데 무엇을 가지고 누구랑 놀았는지, 선생님 하고는 무엇을 했는지 늘 궁금했습니다. 아이가 가장 좋아하는 자유선택활동! 유치원에서 많은 시간을 보내는 시간인 것 같기는 하나 수업도 아닌 것 같고 수업 전 워밍업 활동처럼 보였습니다. 하지만 어느날 유치원에서 보내온 딸아이의 자유선택활동 선호도는 유치원생활에 대한 오해가 이해로 바뀌는 가정통신문이었습니다. 1. 자유선택활동에 대한 교육적 가치와 각 영역에 대한 설명은 유치원에서의 교육방법과 내용을 구체적으로 알 수 있는 자료였습니다. 2. 아이의 놀이 선택 선호도 변화에 대한 설명은 무엇을 하고 노는지에 대한 궁금증을 해소시켜 주었으며 아이의 관심 영역을 파악하는 데 도움이 되었습니다. 3. 아이의 활동사진까지 넣어 주셔서 활동을 하는 아이의 표정에서 유치원 생활의 즐거움이 느껴지는 듯했으며 유치원에서 아이가 가지고 놀이하는 놀잇감도 볼 수 있었습니다. 아이 사진 때문에 내용에 더 집중이 되었으며 더욱 의미 있는 안내문 같았습니다. 4. 자유선택활동하는 동안 선생님과 무엇을 하는지 궁금했는데 모든 아이의 놀이를 관찰하고 기록하며 도움을 주고 계실 선생님의 모습도 상상이 되었습니다.

단순히 집에서 하는 놀이가 아닌 체계적인 활동에 참여하는 아이의 모습이 대견하고 아이들 눈높이 맞는 교육을 받고 있구나 하는 생각에 유치원에 대한 신뢰가 더욱 깊어졌으며 감사함을 더욱 크게 느끼게 한 자료였습니다. 놀이시간이 그냥 장난감으로 놀기만 하는 줄 알았는데 여러 영역으로 나누어져 있었고 그 영역을 스스로 계획해서 놀이하니 계획과 실행이라는 것을 알게 되었던 것 같습니다. 그리고 자유선택활동놀이시간이 교사가 유아를 방치하는 시간으로 알았는데 꼼꼼히 교사가 계획하고 관찰하고 이루어지는 시간인지 새롭게 알게 되었습니다. 다양한 놀이를 할 수 있어서 유아가 더 즐겁게 유치원에 다니는 것 같습니다.

〈회신에 대한 교사 의견 및 교육활동 반영〉

만 3세 반영 내용

- 유아들의 놀이 선호를 가정에서도 알아보실 수 있도록 안내드려 좋았으며, 소통이 잘 되고 있다고 느껴주시니 뿌듯합니다. 다양한 평가들로 우리 아이에 대해 학부모와 교사 모두 더 잘 알 수 있도록 다가가고자 합니다.

만 4세 반영 내용

- 자유선택활동에 대해 궁금한 점이 풀리셨다니 다행입니다. 자유선택활동 계획과 평가하는 일이 쉽지가 않은데 우리 반 아이들은 잘 따라와 줘서 놀이가 활성화되어 진행되고 있답니다. 아이들에게 늘 신경을 쓰고 있지만 여러 영역에 참여하여 도움을 주다 보니 ★★처럼 잘 지내는 아이들에게는 소홀해질 때도 있답니다. 좀 더 아이들의 놀이를 관찰하여 한두 영역에 치중되지 않고, 어머님의 바람처럼 흥미로운 놀이를 제공하여 선택할 수 있도록 더욱 열심히 하겠습니다.

만 5세 반영 내용

- 자유선택활동은 단순히 아이가 논다고 생각하는 학부모님이 많았는데 이번 자료를 통하여 자유선택활동의 가치와 중요성에 대해 각 가정의 아이의 입장에서 알려 드리는 계기가 된 것 같습니다.

- 평소 학부모님들이 놀이시간은 방치되는 시간 혹은 교육이 이루어지지 않는 시간으로 알고 있는 분들이 많이 있었습니다. 하지만, 놀이선호도 가정통지 후 유치원에서의 놀이시간은 계획을 세우고 평가까지 이루어진다는 것과 놀이시간 동안 교사의 관찰과 지도가 이루어지는 것을 새롭게 알게 되었다는 의견이 많이 있었습니다. 놀이 선호도를 분석하면서 26명의 유아들의 놀이계획 소책자를 분석하고 적고 사진작업을 하는 동안은 힘이 들었고 어려웠지만 한 눈에 알 수 있게 정리되어서 좋았습니다.

5. 7월의 소통 자료

▫ 동이백이의 유치원 생활 이야기(전연령)

[동이백이의 유치원 생활이야기 작성 개요]

- 작성시기 : 7월 2주 ~ 7월 3주
- 작성내용 : 유치원의 일과를 중심으로 기록
- 작성기간 : 1학기(교육활동 운영 전반)
- 대　　상 : 학급 유아 전체
- 작 성 자 : 학급 담임
- 작성도구 : 유아교육기관에서 자체 제작한 자료

1) 사전 협의

1학기를 마치는 시기에 가정으로 통지되는 자료이기 때문에 학부모의 알권리를 충족시켜 줄 수 있는 좋은 자료를 제공하기 위한 진지한 협의가 먼저 이루어지는 것이 좋다. 기본적인 구성은 관리자에 의해 이루어졌으며 실제적인 기록 부분에 대한 협의가 주로 이루어졌다. '동이백이의 유치원 생활 이야기'는 유치원의 일과를 중심으로 1학기 동안의 유치원 교육활동 전반에 관한 이야기를 담은 것으로 교사들이 가장 어렵게 작성한 가정통지 자료이다. 그동안의 가정통지와는 차별화된 내용으로 유아 1인당 12쪽의 분량으로 다소 부담이 된다는 이야기도 오갔으나 '한 번 해 보자!'라고 여론을 몰아 마음을 모으는 협의가 먼저 이루어졌다.

1년 차에는 작성 분량에 대한 사전 인지가 부족하여 그동안 시행해 온 가정통지 자료처럼 7월 1주가 지난 후에 시작하여 어려움이 가중되었다. 따라서 긴급 교사 협의회를 통하여 기존에 가정으로 통지한 자료 중 중복된 자료는 삭제하고 내용을 수정하여 진행하였다. 보다 효율적인 작성을 위해서는 학기 초 교육 계획 속에 반영하여 필요한 자료를 정리해 놓은 후 교사의 일정에 따라 미리 가정통지 자료를 기록하는 것으로 계획할 것을 권장한다. 그동안 영역중심의 평가자료에 익숙해진 교사에게 일과중심의 평가는 다소 생소할 수 있으니 충분한 사전 협의를 통하여 어떻게 평가하고 기술할 것인지 논의가 이루어지면 좋은 성과를 거둘 수 있을 것이다. 학기 중 전학 온 유아의 사진정리는 어떻게 할 것인지 사전 협의를 통해서 계획하여 놓는 것도 필요하다. 사전협의 내용은 다음과 같다.

2) 준 비

일과운영 중심의 사진 촬영 자료를 수집하는 것으로 1학기 동이백이의 유치원 이야기를 준비한다. 사진자료는 3월부터 7월까지 꾸준히 수집하며 인사 나누기, 아침독서활동, 토의, 게임 등 활동중심으로 사진을 정리하면 좀 더 효율적이다. 컴퓨터 폴더 정리에 있어서 유아별로 사진을 정리하면 좋다는 일부 교사의 의견도 있으나 개별 교사의 성향에 따라 작업하기 편한 방식으로 사진을 정리하도록 한다. 표지와 기관의 교육 목표와 경영 방향 등을 통일하고 개별 학급의 교육활동과 운영의 특색이 포함되게 수정하는 것으로 준비를 마무리한다.

3) 안내자료 작성

안내자료는 담임교사가 작성하며 교사의 의견을 작성할 때는 객관적인 관찰 및 기존 평가 자료에 기초하여 작성한다. 따라서 가정 통지 자료를 정리하기 전에 1학기 동안의 포트폴리오 자료를 참고하여 누리과정 영역별로 개별 유아를 평가한 뒤 '동이백이의 유치원 생활 이야기'에 교사 의견을 적는다면 1학기 유치원 생활 전 영역에 걸쳐 평가가 골고루 이루어지게 되며 그동안의 모든 평가가 서로 연계가 될 것이다.

4) 가정으로 안내

가정으로 안내하는 자료는 첫해에는 A4용지에 '소책자' 형식으로 인쇄를 하여 가정으로 통지하였다. 사진이 작아지는 단점을 보완하기 위하여 2년 차에는 A4용지에 전면 1장씩 인쇄하여 사진자료와 글씨가 크게 보이도록 배려하였다. 인쇄형태는 유아교육기관 특성에 맞게 인쇄하여 배부하면 좋을 것이다.

동이백이의 유치원 생활이야기

부모님께

'나의 유치원 생활'은 1학기 동안 우리 아이가 유치원에서 생활한 모습을 기록한 자료로 유치원 일과를 중심으로 학부모님이 우리 아이의 유치원 생활을 이해할 수 있도록 활동별로 사진과 교사의견을 담아 정리하였습니다. 사람에게는 저마다 갖고 있는 자질과 능력이 조금씩 다릅니다. 남과 비교해서 우월감이나 열등감을 갖게 해서는 바람직한 성장을 이룰 수 없습니다. 우리 아이의 좋은 점을 먼저 칭찬해주고, 부족한 점은 잘할 수 있도록 지원하여 좀 더 바람직한 방향으로 노력하며 발전해 나갈 수 있도록 많이 격려해 주시기 바랍니다.

2014. 7. 18

♥♥유치원장

열매 1반 / 이름 : ★★★ 유치원생활

등원 시간	09:20
좋아하는 운동	축구
좋아하는 친구	허지원
좋아하는 놀이	역할영역에서 공주놀이

장래 희망	피아노 선생님
좋아하는 음식	채소 안들어간 볶음밥
귀가시 동반자	엄마
방과후과정 참여	도담반

D · T · H 키움 ♥♥유치원 교육디자인

비 전	유아, 학부모, 교사가 더불어 성장하는 세계 제일 유아교육

원장 경영관

꿈과 끼를 키우는 행복 ♥♥ 교육

창의적이고 도덕적인 글로벌 리더로 기르기 위해 꿈과 끼를 키우는 행복 ♥♥ 교육을 실천하여 교육공동체가 함께하는 민주적인 유치원 운영으로 유아교육을 선도해가는 유치원이 되도록

◆ 공정하고 투명한 경영으로 책무를 다하겠습니다.
◆ 유아를 중심에 두고 꿈 · 끼 · 행복이 넘치는 유치원을 만들겠습니다.
◆ 교육과정중심의 유치원 운영으로 전인교육을 실현하겠습니다.
◆ 좋은 교사의 좋은 수업 실천으로 믿고 맡길 수 있는 좋은 유치원을 만들겠습니다.

원 아 상	교 사 상	학 부 모 상	학 교 상
꿈과 끼를 키우는 유아	사랑이 넘치는 교사	함께하는 학부모	행복한 유치원
건 강 한 어린이 예절바른 어린이 창의적인 어린이	친 절 한 교사 연구하는 교사 창의적인 교사	참여하는 학부모 협력하는 학부모 신뢰하는 학부모	발전하는 유치원 앞서가는 유치원 함께하는 유치원

경영목표	꿈과 끼를 키우는 행복 ♥♥ 교육
교육목표	꿈(D)을 키우는 어린이(지식인) 끼(T)를 발휘하는 어린이(창조인) 행복(H)한 어린이(건강인)
교육과정	창의(Know-how)키움 ☞ 자연탐구 감성(Emotion)키움 ☞ 예술표현 지혜(Ability)키움 ☞ 의사소통 협력(Union)키움 ☞ 사회관계 건강(Move)키움 ☞ 신체운동 · 건강

꿈과 끼를 키우는 행복 ♥♥ 교육

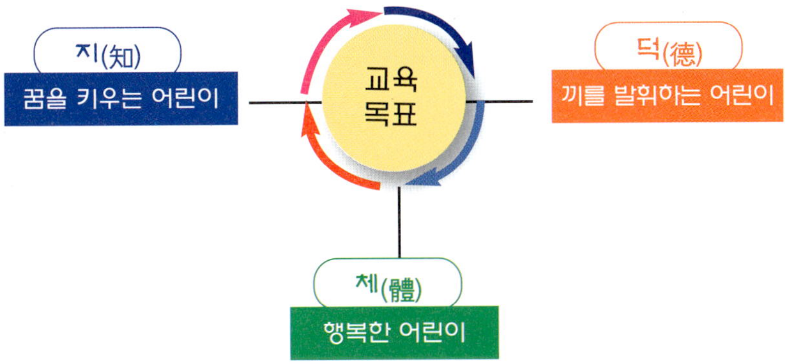

3월에 찍은 우리반 모습입니다. 그동안 많이 컸지요?
몸도 마음도 쑥쑥 자란 열매 1반 친구들이 자랑스럽습니다.

♥♥유치원은 유아의 생각을 사랑하고
행복한 유아의 꿈을 향해 활짝 열려 있습니다.

열매 1반 급훈

2014학년도 열매 1반에서는

『잘 노는 우리반, 잘 웃는 우리반, 잘 먹는 우리반』

급훈을 설정하였습니다.

생각 더 자람(지)	사랑 더 자람(덕)	희망 더 자람(체)
생각이 쑥쑥 자라는 어린이	사랑이 쑥쑥 자라는 어린이	건강이 쑥쑥 자라는 어린이

열매 1반의 일과 운영

구분	시 간	활 동 명	활 동 내 용
기본과정	08:00~09:00	등원 및 독서활동	·등원 및 건강 상태 점검(인성교육 – 인사, 정리정돈) ·아침 독서 및 지혜키움 책사랑(책읽기)
	09:00 ~ 9:20	하루일과계획	출결확인, 새소식 전하기, 일과계획, 놀이계획
	09:20 ~ 9:50	이야기나누기	주제중심의 이야기나누기
	09:50 ~10:00	간식 먹기	간식을 먹으며 음악 감상하기
	10:00 ~ 10:30	바깥놀이	대 · 소근육활동, 이동 · 비이동운동, 기구활용운동, 산책, 숲 체험
	10:30 ~ 11:30	자유선택활동	놀이계획 후 흥미영역에서 자유롭게 놀이하기
	11:30 ~ 11:40	정리정돈 및 평가	정리정돈, 놀이평가
	11:40 ~ 12:10	대근육 활동	강당에서 대근육 활동, 이동 · 비이동운동, 기구활용운동, 체육
	12:10 ~ 12:50	급식지도	손 씻기 및 점심식사 후 이 닦기
	12:50 ~ 13:20	대집단 활동	·동화 · 동시 감상하고 다시 짓기, 새 노래 배우기, 악기연주 ·음악감상, 전통예술교육, 신체표현하기, 게임활동 등
	13:20 ~ 13:40	소집단 활동	토의, 관찰 및 탐구, 책 만들기, 극놀이, 미술활동 등
	13:40 ~ 13:50	동시,동화	동시 · 동화 듣기 및 지혜키움 책사랑 활동
	13:50 ~ 14:00	귀가지도	하루교육활동 평가, 안전교육, 언어전달, 귀가지도
방과후과정	14:00 ~ 15:00	특성화활동	월:영어, 화:음악, 수:영어, 포디, 목:과학, 금:체육
	15:00 ~ 15:30	도담반활동	테마가 있는 요일별 키움 활동(1차 귀가)
	15:30 ~ 17:00	도담반활동	테마가 있는 요일별 키움 활동(2차 귀가)
야간돌봄	17:00 ~ 21:00	야간돌봄교실	돌봄 교실 맞춤 교육 활동

등원 및 독서활동

유치원의 하루 일과는 등원에서부터 자연스럽게 시작됩니다. 우리 반에서 가장 먼저 등원하는 유아는 8시경이며 행복놀이방에서 하모니 선생님과 활동하다가 통학버스 100호 차를 타고 등원하는 유아부터 집중적으로 등원하기 시작하여 9시 20분이 되면 대부분 등원합니다. 유아들은 등원하여 스스로 자신의 소지품을 자리에 바르게 정리하고, 선생님과 친구들에게 자연스럽게 인사를 나눕니다. 우리 반의 아침활동으로는 책을 읽고 우리 유치원에서 자체 제작하여 제본한 '지혜키움 책사랑' 소책자로 독서활동을 실시합니다. 그 후에 오늘 날짜와 날씨, 일정을 알아보며 하루가 시작됩니다.

등원 및 독서 활동 모습

인사나누기	아침 독서 활동	지혜키움 책사랑 활동

등원 및 독서 활동에 대한 교사 의견	매일 아침 통학차량을 타고 유진이는 9시 20분경에 규칙적으로 등원하는 편입니다. 학기 초에는 엄마가 보고 싶다고 눈물을 보이곤 하였지만 밝은 표정으로 보호자와 자연스럽게 헤어져 유치원에 들어옵니다. 유진이는 등원하여 자신의 소지품을 제자리에 바르게 정리하고 손을 깨끗하게 씻고 교실로 들어옵니다. 그리고 친구와 인사를 나누고 동화책을 골라 자리에 앉아 동화나라 지혜키움 책사랑 독서활동을 합니다. 유진이는 교사가 1주일마다 내어주는 새로운 책에 관심이 많으며 혼자서 집중하여 책을 읽는 것을 좋아합니다. 독서활동은 활동을 마무리하는 것을 아직은 어려워하여 교사는 유진이가 책사랑 활동에 흥미를 가질 수 있도록 관심을 기울이고 있습니다.

이야기나누기

이야기나누기는 교사와 유아가 함께 모여 앉아 서로 정보를 교환하거나 서로의 생각을 들어보거나 의사결정 등을 하는 시간입니다. 우리 반의 이야기나누기는 주로 생활주제와 관련된 주제중심의 이야기나누기로 이루어집니다. 유아는 이야기나누기 시간을 통해 관심과 지식의 범위를 넓혀가고, 자신이 경험한 것이나 생각한 것을 이야기를 나누는 과정에서 다른 사람의 이야기를 경청하는 태도를 기르게 됩니다. 우리 반에서는 이야기나누기 시간에 잘 듣고, 잘 생각하고, 잘 말할 수 있는 바람직한 의사소통 능력을 기르고 있습니다. 또한 유아의 발표력 향상을 위하여 꼬마 선생님 활동과 캠페인 활동을 우리 반 특색으로 운영하고 있습니다.

이야기나누기 활동 모습

잘 듣기

잘 말하기

캠페인 활동

이야기나누기에 대한 교사 의견	이야기나누기 시간은 교사와 유아가 함께 모여 앉아 서로 정보를 교환하거나 서로의 생각을 들어보거나 의사결정을 하는 시간으로 열매 1반에서는 잘 듣고, 잘 생각하고, 잘 말하는 능력을 기를 수 있는 시간으로 운영하고 있습니다. 유진이는 자신이 알고 있는 이야기에는 적극성을 가지고 발표하려고 하며 선생님과 친구의 이야기를 잘 듣고 기억도 잘합니다. 열매 1반에서는 유진이에게 바른 자세로 앉아 선생님과 친구의 이야기를 잘 듣고 보다 적극적으로 발표할 수 있도록 좀 더 관심을 기울여 지도하고 있습니다.

바깥놀이 활동(대근육활동)

현대사회 유아들은 체격은 커지고 있으나 체력은 저하되고 있습니다. 이에 누리과정에서는 신체 운동을 위한 1일 1시간(60분) 이상의 바깥놀이(대근육활동) 시간을 반드시 확보하여 운영함으로써 유아들이 스트레스를 해소하고 또래와의 친사회적인 관계 형성을 원활히 할 수 있도록 하고 있습니다. 우리 반에서는 이야기나누기 시간을 마친 후 매일 1시간을 바깥놀이 활동을 계획하여 운영하고 있습니다. 이 시간에는 대·소근육 활동, 기초체력증진활동, 기구를 이용한 신체 활동, 이동운동과 비이동 운동, 창의적 신체표현활동, 산책과 숲 체험 활동 등이 이루어지고 있습니다.

바깥놀이 활동 모습

놀이터 활동

강당 체육 활동

숲 체험

바깥 놀이 활동에 대한 교사 의견	유진이는 바깥놀이 활동을 매우 즐거워하며 걷고 뛰기, 기구를 타며 이동하기 등 여러 가지 바깥놀이에 참여하며 대근육 활동에 즐겁게 참여합니다. 바깥놀이 활동을 너무 좋아한 나머지 이야기나누기 시간의 뒷정리를 잊은 채 가장 먼저 바깥으로 뛰어나가곤 하지만 익숙하지 않은 도전과제에서는 친구들의 활동을 바라보거나 앉아서 쉬는 경우가 종종 있습니다. 유진이는 숲 체험을 매우 좋아하며 평소 숲 체험을 기다리는 말을 하기도 합니다. 질서를 지키며 안전하게 숲 체험 활동에 참여하며 새롭고 신기한 것을 발견하거나 혹은 모르는 것을 발견하면 친구들이나 교사에게 물어보면서 탐색합니다. 열매 1반에서 교사는 유진이가 보다 안전하게 도전적인 활동을 끈기를 가지고 활동해 볼 수 있도록 격려하고 있습니다.

급식지도

우리유치원에서는 자격을 갖춘 영양사 및 조리사의 위생적인 식재료 사용, 관리에 의한 균형 있는 영양소를 갖춘 음식을 제공하고 있습니다. 급식 제공 시 한국인 영양권장량의 유아기준을 충족하는 영양을 공급하고 지나친 지방섭취 제한을 위해 튀김류는 주 2회 이하로 지양하며, 구이로 공급하여 균형 있는 급 · 간식을 제공하고 있습니다. 또한 인공조미료나 합성 착색료를 사용하지 않고 국산 친환경 농산물을 이용하며, 신선한 과일을 주 1회 이상 신선한 식재료를 위생적으로 관리·사용하고 있습니다. 우리 반에서는 교실배식을 실시하며 유아들이 직접 만든 요리를 급식 반찬으로 먹으면서 유아의 영양 및 식습관 지도를 반복하여 실시하고 있습니다.

유치원에서 점심을 먹는 모습

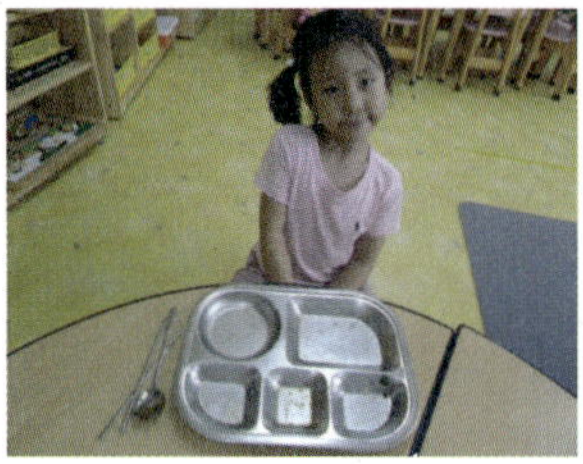

음식 골고루 먹기

먹거리 나눔 축제

요리활동

식사 습관 및 태도에 대한 교사 의견	성장발달에 적절한 음식을 섭취할 수 있는 균형 잡힌 점심을 제공하고 있는 유치원의 점심시간에 유진이는 맛있게 점심을 먹으려고 노력합니다. 고기나 튀김종류의 음식을 좋아하고 채소종류를 즐기지 않는 유진이는 콩나물을 제외하고 채소반찬을 거의 먹지 않았으나 차차 나아지고 있습니다. 유진이는 요리활동도 매우 즐겁게 참여하며 직접 만든 요리도 맛있게 잘 먹으려고 노력합니다. 교사는 유진이에게 젓가락 사용에 익숙해질 수 있도록 격려하고 있으며 부지런히 먹는 습관을 기를 수 있도록 관심을 기울여 지도하고 있습니다.

대집단 활동

우리반의 대집단 활동은 점심을 먹은 후에 이루어지게 되며 이 시간에는 동화 감상하기, 동시 감상하기, 동화 · 동시 다시 짓기, 새 노래 배우기, 악기 연주하기, 음악 감상하기, 전통예술교육, 신체표현하기, 게임 활동들이 자연스럽게 이루어집니다. 대집단 활동은 30분 정도 계획되어 운영되며 도입-전개-평가 순으로 이루어집니다. 유아들은 다른 사람과 함께 활동을 하며 즐거움을 공유하고 다른 사람의 창의적 표현을 존중하게 됩니다.

대집단 활동 모습

새 노래 배우기

악기 연주

게임

신체표현

대집단 활동에 대한 교사 의견

정적인 활동보다는 움직임이 많은 동적인 활동을 좋아하는 유진이는 대집단 활동에서 즐겁게 적극적으로 참여하는 편입니다. 음악활동을 좋아하여 노래 부르기와 리듬악기 다루기에서 적극적으로 표현하며 게임 활동에서는 게임 규칙을 잘 지키며 활동에 열심히 임합니다. 유진이는 그중에서 신체표현을 가장 좋아하는데 신체표현에서는 표현해야 할 특징을 잘 살려 자신감 있게 창의적으로 표현합니다. 유진이는 동화나 동시를 듣고 주인공과 등장인물에 대해 이야기하는 시간에 적극적으로 참여하여 자신의 생각과 느낌을 조리 있게 이야기합니다. 열매 1반에서 교사는 유진이에게 대집단 활동에 참여하여 자신의 생각과 느낌을 좀 더 자연스럽게 표현하고 즐길 수 있도록 격려하고 있습니다.

소집단 활동

우리 반의 소집단 활동은 대집단 활동을 마친 후 연계되어 이루어지게 되며 이 시간에는 토의, 관찰 및 탐구, 책 만들기, 극놀이, 미술활동 들이 자연스럽게 이루어집니다. 소집단 활동은 30분 정도 계획되어 운영되며 전체 유아를 3~5개의 집단으로 나누어 활동을 진행합니다. 이 시간에 유아는 공동의 문제를 해결하기 위해 협동하고 집중하여 적극적으로 활동에 참여하게 됩니다. 또한 친구들과 의견을 나누고 서로의 의견을 존중하며 활동하는 가운데 배려와 존중의 마음을 기르게 됩니다.

소집단 활동 모습

토의

미술활동

극놀이

관찰 및 탐구

소집단 활동에 대한 교사 의견	친구들과 의견을 교환하는 것을 좋아하는 유진이는 공동의 과제를 해결해 나가는 토의 활동에 적극적으로 참여합니다. 적극적으로 자신의 의견을 이야기하기는 하지만 자신의 의견이 반영되지 않을 때에는 자신의 감정을 그대로 노출하여 갈등상황을 만들기도 합니다. 그러나 금방 자신의 잘못을 인정하고 친구들에게 사과를 할 수 있습니다. 유진이는 소그룹 활동 중에서 극놀이를 매우 좋아하는데 동화 속 등장인물을 재미있게 표현할 수 있습니다. 또한 동식물을 관찰하고 관찰한 내용을 언어로 조리있게 표현할 수 있습니다. 열매 1반에서 교사는 유진이에게 자신과 다른 사람의 감정을 이해하고 자기의 감정을 조절하고 활동에 적극적으로 참여할 수 있도록 관심을 기울여 지도하고 있습니다.

6. 8월의 소통 자료

□ 동이백이의 방과후과정 이야기(방과후과정 전체 유아)

[동이백이의 방과후과정 이야기 작성 개요]

- 작성시기 : 8월 1주 ~ 8월 3주
- 작성내용 : 방과후과정 일과를 중심으로 기록
- 작성기간 : 1학기(방과후과정 운영 전반)
- 대　　상 : 방과후과정 학급 유아 전체
- 작 성 자 : 방과후과정 담당교사 및 방과후전담사

1) 사전협의

사전 협의	⇨	준 비	⇨	자료 정리	⇨	자료 작성	⇨	가정으로 안내	⇨	결과에 대한 의견 교환
6월 1주		6월,7월		8월 1주		8월 2, 3주		8월 4주		8월 5주

동이백이의 방과후과정 이야기

★★★ 유치원

방과후과정반은 2012년 유아교육법 개정과 함께 종일반으로 불리던 종래의 명칭이 변경되어 새롭게 거듭난 명칭입니다. 방과후과정반은 맞벌이 부부가 안심하고 사회생활에 전념할 수 있도록 유아의 교육과 보육 통합 서비스 제공으로 유아의 전인적 성장 발달을 도모하기 위한 목적으로 운영되고 있습니다. 방과후과정반에서의 활동 모습과 행동 관찰 평정 결과입니다.

방과후과정반에서 ★★★의 활동 모습

기본과정학급	열매 1반	방과후과정반 학급	도담반
귀가 시간	17:00	귀가 방법	유치원 통학버스
좋아하는 놀이	쌓기놀이, 미술놀이	친한 친구	★★★, ★★★

방과후과정반의 일과 운영

구분	시간	활동 내용
기본 과정	08:00~14:00	· 유아 등원 및 건강 상태 점검 · 오전 학급 교육 활동 · 급식지도
방과후 과정	14:00 ~ 14:40	중점 활동
	14:40 ~ 15:20	특성화 활동(월: 영어, 화: 체육, 수: 음악, 영어, 목: 과학, 금: 포디)
	15:20 ~ 15:50	오후 간식 및 휴식
	15:50 ~ 16:20	테마가 있는 요일별 키움 활동
	16:20 ~ 17:00	자유선택활동(1차 귀가)
야간 돌봄	17:00 ~ 18:00	· 행복놀이방 및 창의놀이방 활동(2차 귀가) · 소그룹 활동 및 휴식
	18:00 ~ 19:00	저녁식사 및 이 닦기
	19:00 ~ 20:00	돌봄 교실 맞춤 교육 활동
	20:00 ~ 21:00	휴식 및 개별 귀가지도

테마가 있는 요일별 키움 활동

요일	테마 활동		활동 내용	활동 방법
월	Dream (꿈)	생각을 키워요	창의력과 논리를 신장하는 언어활동	아이원더 한글밥상
화		호기심 쑥쑥~	· 호기심을 자극하고 관찰력을 기를 수 있는 탐구활동 · 놀이를 통하여 수학의 개념파악 및 문제해결 능력활동	· 요리활동 · 스토리텔링 놀이수학
수	Talent (끼)	책과 함께해요	그림책을 통한 다양한 언어활동	창작 독서활동
목		나를 표현해요	명화를 통한 문화 예술 활동	명화감상
금	Happy (행복)	몸과 마음이 점핑!!	클래식 음악감상을 통한 통합교육	올레키즈 클래식

이야기나누기 활동을 하고 있는 모습

선생님 이야기 듣기

발표하기

친구와 의견 나누기

이야기 나누기에 대한 교사 의견

이야기나누기 시간은 교사와 유아가 함께 모여 낮아 서로 정보를 교환하거나 서로의 생각을 들어보거나 의사결정을 하는 시간입니다. 이야기나누기 시간에 건희는 선생님의 이야기나 다른 친구의 이야기를 귀담아듣기보다는 자신의 이야기하기를 좋아하는 편입니다. 자신이 알고 있는 이야기에는 적극성을 가지고 발표하려고 하며 친구와 의견을 나누기보다는 자신의 이야기를 주장하려고 합니다. 방과후과정반에서 교사는 건희에게 바른 자세로 앉아 선생님과 친구의 이야기 듣기에 좀 더 관심을 기울이도록 지도하고 있습니다.

특성화 활동을 하고 있는 모습

영어(월)

미술(화)

체육(수)

음악(목)

과학(금)

특성화 활동에 대한 교사 의견	★★는 오전에 산들반에서 기본과정을 마치고 오후에는 사랑반에서 방과후과정을 하고 있습니다. 기본과정을 마치고 곧바로 이어지는 특성화 활동 중 체육을 가장 좋아하고 다음은 미술활동에 흥미를 보이고 있으며 영어와 음악활동 시간에는 즐겁게 참여하기는 하나 다소 산만한 모습을 보여 선생님 주의 집중요구를 자주 듣습니다. 영어 시간 중에는 듣기 능력에서 우세함을 보이고 있습니다.

자유선택 활동을 하고 있는 모습

좋아하는 놀이

함께 놀이하는 친구

놀이에 열중하는 모습

자유선택 활동에 대한 교사 의견	방과후과정반에서의 자유선택활동은 특성화 활동을 마친 오후 2시 30분부터 3시 사이에 이루어지고 있습니다. 유치원의 여러 활동 시간 중 가장 즐거워하는 시간으로 쌓기놀이와 조작놀이에서 자동차나 탱크, 권총을 만들어 놀이하는 것을 좋아합니다. 함께 자주 놀이하는 친구는 양현국과 김두현, 이다윗이며 여자친구보다 남자친구와 놀이하는 것을 좋아합니다.

테마가 있는 요일별 키움 활동을 하고 있는 모습

협력키움(월)

창의키움(화)

지혜키움(수)

감성키움(목)

건강키움(금)

요일별 키움 활동에 대한 교사 의견	방과후과정반에서는 자유선택활동을 마친 후 요일별로 교육과정과 연계한 테마별 키움 활동을 하고 있습니다. 키움활동은 협력키움, 창의키움, 지혜키움, 감성키움, 창의키움 활동을 요일별로 운영하고 있으며 건희는 대체로 키움활동 시간에 적극적으로 참여하여 자신의 결과물을 완성하는 것을 좋아하고 책임감 있게 완수해 낸다. 그 중에서도 신체활동을 즐깁니다.

7. 9월의 소통 자료

- □ 친사회성 검사 결과 안내(만 3세)
- □ 성격 검사 결과 안내(만 4세)
- □ 자기존중감 검사 결과 안내(만 5세)

[친사회성 검사 실시 개요]

- 실시시기 : 9월 2주 자유선택활동 시간에 실시
- 실시인원 : 1회당 3 ~ 4명
- 소요시간 : 1회당 30분 내외
- 대 상 : 학급 유아 전체
- 검 사 자 : 학급 담임 및 원장, 원감
- 검사도구 : McGinnis와 goldstein(1990)이 제작한 Skill Situations Measure를 박찬옥, 이원영, 노영희(1993)가 수정·번안하여 우리나라 유아에게 적합하도록 재구성

[성격 검사 실시 개요]

- 실시시기 : 9월 3주 자유선택활동 시간에 실시
- 실시인원 : 1회당 3 ~ 4명
- 소요시간 : 1회당 30분 내외
- 대 상 : 학급 유아 전체
- 검 사 자 : 학급 담임 및 원장, 원감
- 검사도구 : 학지심리검사연구소 송인섭교수

[자기존중감 검사 실시 개요]

- 실시시기 : 9월 3주 자유선택활동 시간에 실시
- 실시인원 : 교사와 유아 일대일 면담
- 소요시간 : 유아 1인당 약 10분 내외
- 대 상 : 학급 유아 전체
- 검 사 자 : 학급 담임
- 검사도구 : Harter와 Pike(1984)가 개발한 것을 김미경이 번안

1) 사전 협의

9월의 가정 통지자료는 연령별로 다르게 진행되므로 반드시 사전협의가 필요하다. 3세의 경우는 친사회성 검사, 4세는 성격 검사, 5세는 자기존중감 검사가 각각 이루어진다. 만일 학급에서 담임교사가 실시하게 된다면 검사 도구를 확인하고 검사 방법을 숙지한 후 유아의 반응을 기록할 기록지를 준비한다. 우리 기관에서는 담임교사가 아닌 원장, 원감이 실시하기로 하였다. 원장이나 원감이 실시할 경우는 검사 시간에 따른 유아 명단을 정리하여 원장, 원감에게 미리 알린다. 협의회에서는 전년도에 실시하면서 발견된 문제점을 서로 이야기하고 효율적인 검사 방법을 공유하는 시간으로 진행한다. 검사 도구도 간단하고 검사 방법도 간단하기 때문에 간결하게 진행하며 월중 협의와 함께 연령별로 진행하는 것이 좋다. 우리 기관에서는 만 3세의 친사회성 검사와 만 4세의 성격 검사는 원장과 원감이 검사를 실시하였다. 사전 협의 내용은 다음과 같다.

2) 준 비

검사 준비는 간단한 편이다. 연령별로 약간의 차이가 있기는 하지만 기관에서 제작한 검사도구와 검사지, 엑셀 통계자료가 필요하다. 엑셀 서식에 검사 결과 내용을 그대로 입력하는 것은 단순 작업이므로 보조인력의 도움을 받아 정리할 수 있다.

준 비

- 친사회성 검사 도구 준비하기
- 검사 실시 방법 숙지하기
- 검사 장소 준비하기
- 검사에 사용할 소모품 준비하기(필기도구, 스톱워치, 녹음장치)
- 검사 후 이기할 통계자료 서식 준비하기

성격 검사 준비

- 성격 검사 준비
- 성격 검사 도구 준비하기
- 검사 실시 방법 숙지하기
- 검사 장소 준비하기
- 검사에 사용할 소모품 준비하기(필기도구, 스톱워치, 녹음장치)
- 검사 후 이기할 통계자료 서식 준비하기

자기존중감 검사 준비

- 자기존중감 검사를 위한 검사지 복사하기
- 검사 실시 방법 숙지하기
- 검사에 사용할 소모품 준비하기(필기도구, 녹음장치 등)
- 검사 후 이기할 통계자료 서식 준비하기

3) 검사 실시

담임교사가 교실에서 실시하는 검사는 자유선택활동 시간에 자유롭게 진행할 수 있으며 가능하면 조용한 장소에서 진행하는 것이 좋다. 담임교사가 아닌 원장이나 원감이 검사를 진행할 때는 약속된 장소에 정확히 도착하여 검사를 받을 수 있도록 한다. 만일 결석하는 경우에는 일정을 조정하여 모든 유아가 검사를 받을 수 있도록 한다. 검사에 도움을 줄 보조 인력이 있다면 유아교육기관의 실정에 따라 계획하는 것이 좋으며 불가능하다면 자유선택활동 시간에 담임교사에 의해 검사를 진행할 수도 있다. 개별 유아와의 일대일 면담을 통하여 질문하고 유아가 대답한 내용을 즉시 기록한다. 검사 이전에 학급 유아 전체에게 검사의 방법과 대답 요령을 간단하게 설명하여 검사에 대한 분위기를 조성하면 보다 정확하고 신속한 검사가 이루어질 수 있다. 연령별로 실시하는 검사는 다음과 같다.

친사회성 검사(만 3세 실시)

유아의 친사회적 행동기술을 측정하기 위해 McGinnis와 goldstein(1990)이 제작한 Skill Situations Measure를 박찬옥, 이원영, 노영희(1993)가 수정·번안하여 우리나라 유아에게 적합하도록 재구성하였다. 친사회적 행동검사는 개인 정서 조절능력, 대인관계 형성능력, 학교 적응능력의 3가지 하위영역으로 나뉘어 있으며 하위영역마다 유아가 쉽게 이해하고 자신의 의견을 이야기할 수 있도록 각 하위영역별로 5문항씩 총 15문항으로 구성되어 있다.

〈검사방법〉

이 검사는 개인면접 방법으로 실시된다. 검사자는 그림카드와 유아의 친사회적 반응기록지, 연필을 준비하고 유아와 충분히 래포를 형성한 후, 그림카드에 있는 이야기 내용을 들려준 후 각 이야기 내용에 따라 유아의 반응을 그대로 친사회적 반응기록지에 기록한다. 검사에 소요되는 시간은 15~20분 정도이다.

〈채점방법〉

채점방법은 유아의 반응 내용을 친사회적 반응, 공격적 반응, 무관련 반응 무빈응의 4가지로 구분하여, 친사회적 반응에만 1점을 주고 나머지는 모두 0점으로 처리한다.

친사회적 행동 검사 반응 기록지

하위영역	내　용	반 응 내 용	점수
1. 개인 정서 조절 능력	소외당할 때		
	화가 날 때		
	놀릴 때		
	불공평할 때		
	벌을 받을 때		
2. 대인 관계 형성 능력	친구놀이에 참여하기		
	차례 기다리기		
	친구 위로하기		
	놀잇감 나누기		
	친구 도와주기		
3. 학교 적응 능력	생각용기 있게 말하기		
	양해 구하기		
	지시 따르기		
	힘들어도 열심히 하기		
	상황에 알맞게 부탁하기		
합계			

성격 검사(만 4세 실시)

유아의 성격 특성을 진단하기 위하여 송인섭(1993)의 유아 성격검사를 사용하였다. 유아성격검사는 학문성, 사회성, 가족성, 정서성의 4가지 하위영역으로 구성되어 있다. 검사의 문항 수는 연습문제 1문항과 본 문제 26문항으로 구성되어 있으며, 본 문제는 긍정적인 내용으로 되어 있는 16문항과 부정적인 내용으로 되어 있는 10문항으로 구성되어 있다.

〈검사방법〉

검사자는 유아가 편안하고 안정된 상태에서 검사에 흥미를 가지고 반응을 할 수 있도록 유아와 친밀감을 형성한다. 연습문제를 이용하여 유아에게 답하는 방법을 완전히 이해시킨 후 본 문제를 실시한다. 검사과정에서 검사자는 유아가 알아듣기 쉽게 그림 하나하나를 짚어가면서 그림의 내용을 읽어준다. 유아는 그림의 내용이 자기 자신의 생각이나 행동과 같은가 다른가를 판단하여 웃는 얼굴 또는 ○, 또는 찡그린 얼굴 ×중에서 하나를 골라 유아가 직접 표기하도록 한다.

〈채점방법〉

채점은 긍정적인 반응이면 1점을 주었고 부정적인 반응일 경우에는 0점으로 처리한다.

자기존중감 검사(만 5세 실시)

자기존중감 검사란 자기존중감이란 일상의 과업들을 성공적으로 수행하는 자조 기술 및 기본적인 능력에 대한 자기 인식과 또래 및 학부모와의 관계를 통한 사회적 수용에 대해 유아 스스로 자신이 지녔다고 생각하는 특성에 대한 느낌 또는 평가를 의미하는 것으로 Harter와 Pike(1984)가 개발한 것을 김미경이 번안한 것을 사용하였다. 유아 자기존중감 검사는 인지능력, 신체능력, 또래수용, 어머니수용의 4가지 하위영역으로 구성되어 있다.

〈검사방법〉

검사는 대부분의 항목이 관찰을 중심으로 이루어지므로 교사가 해당 항목에 대해 관찰한 후 정확히 기록한다. 어머니수용에 관한 항목은 유아가 편안하고 안정된 상태에서 검사에 흥미를 가지고 반응을 할 수 있도록 유아와 친밀감을 형성한 후 실시한다. 검사과정에서 검사자는 유아가 이해하기 쉽게 질문을 한다.

〈채점방법〉

채점은 유아의 반응에 대해 잘함 보통 미흡으로 구분하고 잘함은 3점, 보통은 2점, 미흡은 1점으로 처리한다.

자기존중감 검사

★★★ 유치원

이 름	(남 . 여)	학 급 명	반(만 5세)
검 사 일	년 월 일	평가유형	관찰
교육과정 관련영역	ㅁ 사회관계 · 나를 알고 사랑하기		
평가목적	자신에 대해 긍정적인 생각을 가지고 있는가 ?		

영역	순	내 용	점수	비고
인지 능력	1	그림 조각을 잘 맞춘다.		
	2	숫자놀이를 잘한다.		
	3	수를 잘 센다.		
	4	글자를 잘 인다.		
	5	색깔의 이름을 안다.		
	6	만들기를 잘한다.		
신체 능력	7	혼자서 그네를 잘 탄다.		
	8	한 발로 뛰기를 잘한다.		
	9	옷의 단추를 잘 끼운다.		
	10	오르기를 잘한다.		
	11	빨리 달리기를 잘한다.		
	12	가위로 오리기를 잘한다.		
또래 수용	13	함께 놀 친구가 있다.		
	14	친구들과 게임에 자연스럽게 참여한다.		
	15	친구들과 장난감을 잘 나누어 놀이한다.		
	16	놀이터에서 노는 친구가 다양하다.		
	17	친구들이 옆에 앉으려고 한다.		
	18	친구들과 사이좋게 논다.		
어머니 수용	19	친구를 집에 놀러 오게 한다.		
	20	어머니와 함께 이야기를 나눈다.		
	21	어머니가 함께 놀아 주신다.		
	22	예쁘다고 쓰다듬어 주신다.		
	23	맛있는 음식을 만들어 주신다.		
	24	어머니가 안아 주신다.		
해석		▶ 잘함: 3 ▶ 보통 : 2 ▶ 미흡 : 1		

4) 안내자료 작성

가정으로 통지할 안내 자료는 검사를 실시한 사람이 작성하는 것이 좋다. 하위항목별 유아 개별 점수와 학급 평균을 제시하고 학급 평균이라는 객관적인 기준에 의해 해석을 작성한다. 교사가 작성한 안내자료를 제시하면 다음과 같다.

★★★의 친사회성 검사 결과

반명 : 새싹 1반 / 이름 : ★★★

영 역	배점	나의 점수	학급평균
개인정서 조절능력	5	3	4.38
대인관계 형성능력	5	5	4.88
유치원 적응능력	5	5	4.75

★★★ 점수에 대한 해석

★★★의 친사회성 검사 결과는 대인관계 형성능력과 유치원 적응능력에서는 친사회적인 성향을 보이는 것에 어려움을 보이지 않았으나 개인 정서 조절능력에서는 친사회적 행동을 수행하는 것에 약간의 어려움을 보이는 것으로 나타났습니다.

★★★의 성격 검사 평정 결과

반명 : 꽃잎 2반 / 이름 : ★★★

영 역	배점	점수	학급에서의 수준
학문성	7	7	학급 평균이 6.45로 학급 평균에 비해 높습니다.
사회성	7	5	학급 평균이 5.64로 학급 평균에 비해 약간 낮습니다.
가족성	6	6	학급 평균이 5.23로 학급 평균에 비해 약간 높습니다.
정서성	6	6	학급 평균이 5.59로 학급 평균에 비해 약간 높습니다.

★★★ 점수에 대한 해석

★★★의 성격 검사결과는 학문성, 가족성, 정서성의 성향이 모두 긍정적인 것으로 나타났으며 사회성에서만 약간 부정적인 성향을 보이는 것으로 나타났습니다.

★★★의 자기존중감 평정 결과

반명 : 열매 ㅇ반 / 이름 : ★★★

하위항목	배점	나의 점수	학급에서의 수준
인지능력	18.00	16.00	학급 평균이 16.50으로 학급 평균에 비해 약간 낮습니다.
신체능력	18.00	15.00	학급 평균이 16.15로 학급 평균에 비해 약간 낮습니다.
또래수용	18.00	17.00	학급 평균이 17.15로 학급 평균에 비해 약간 높습니다.
어머니수용	18.00	17.00	학급 평균이 15.62로 학급 평균에 비해 약간 높습니다.

★★★ 점수에 대한 해석

★★★의 평정결과 자기존중감은 인지능력, 신체능력 영역은 학급 평균에 비해 낮으며 또래수용, 어머니수용 영역은 학급평균에 비해 높은 것으로 나타났습니다.

5) 가정으로 안내

친사회성 검사 결과 안내

반명 : 새싹 1반 / 이름 : ★★★

안녕하세요?

본 자료는 2014년 9월에 실시되었던 친사회적 행동 능력에 대한 평정결과입니다. 본 평정은 ♥♥유치원 원장과 원감에 의해 실시되었으며 그 결과를 바탕으로 개별 유아의 친사회적 행동기술 증진을 돕는 참고자료로 활용합니다.

① 친사회성의 개념

친사회적 행동이란 사회구성원들이 옳다고 여기는 행동을 수행함으로써 그 사회 집단의 일원이 될 수 있는 행동기술을 말합니다. 친사회적 행동기술의 하위영역은 개인 정서 조절능력, 대인관계 형성능력, 유치원 적응능력으로 구성되어 있습니다.

② 친사회적 행동 관찰의 중요성

친사회적 행동은 반사회적 행동과 반대되는 개념으로 타인을 이롭게 하기 위해 친사회적 행동을 하는 조력자가 보상을 기대하든 기대하지 않든 동기가 무엇이든 간에 타인을 돕거나 도와주려는 행동이며, 친사회적 행동 정도를 파악하여 현재 유아에게 부족한 부분이 무엇이며 무엇을 가르쳐야 될지에 대한 분명한 기준을 제시해줄 수 있습니다.

친사회적 행동 구성요소

- 개인 정서 조절능력 : 친구로부터 소외당할 때, 무조건 화가 날 때, 친구가 놀릴 때, 공평하지 못할 때, 잘못된 행동을 한 후 벌을 받을 때 등의 상황에서 사회구성원이 옳다고 여기는 행동을 수행하는 것이다.
- 대인관계 형성능력 : 친구들 놀이에 새로 참여하려 할 때, 친구의 슬픈 마음을 위로해야 할 때, 친구와 놀잇감을 나누어 가지고 놀아야 할 때 등의 상황에서 사회구성원이 옳다고 여기는 행동을 수행하는 것이다.
- 학교 적응능력 : 유아가 생각이나 느낌을 용기 있게 말해야 할 때, 양해를 구해야 할 때, 지시에 따라야 할 때, 힘들어도 열심히 해야 할 때, 상황에 알맞게 부탁해야 할 때 등의 상황에서 사회구성원이 옳다고 여기는 행동을 수행하는 것이다.

★★★의 친사회성 검사 결과

반명 : 새싹 1반 / 이름 : ★★★

영 역	배점	나의 점수	학급평균
개인 정서 조절능력	5	3	4.38
대인관계 형성능력	5	5	4.88
유치원 적응능력	5	5	4.75

★★★ 점수에 대한 해석

★★★의 친사회성 검사 결과는 대인관계 형성능력과 유치원 적응능력에서는 친사회적인 성향을 보이는 것에 어려움을 보이지 않았으나 개인 정서 조절능력에서는 친사회적 행동을 수행하는 것에 약간의 어려움을 보이는 것으로 나타났습니다.

▼ 친사회성 행동 검사 실시 모습

유아 성격 검사 결과 안내

반명 : 꽃잎 1반 / 이름 : ★★★

안녕하세요?

본 자료는 2014년 9월에 실시되었던 유아 성격 검사에 대한 결과입니다. 유아 성격 검사는 학지심리검사연구소 송인섭 교수가 개발한 자료를 재구성하였습니다. 우리 유치원에서는 만 4세를 대상으로 실시되었으며, 검사결과는 유아의 이해를 위한 기초 자료와 교육활동, 생활지도를 위한 자료로 활용합니다.

① 성격이란

일상생활에서 사용되는 성격이라는 개념은 성격을 개인의 지배적인 특성으로 간주하며 한 개인의 특성을 기술하는 데 사용됩니다.

② 성격검사의 목적

한 개인을 바르게 이해하는 것은 매우 중요한 일입니다. 유아들을 효과적으로 지도하기 위해서는 그들의 환경이나 지적 수준을 파악하는 것도 중요하지만 그에 못지않게 인성 특성을 이해하는 것이 중요하기 때문입니다. 본 검사의 궁극적인 목적은 개개인의 인성 성향을 알아 유아를 이해하여 교육적으로 활용하는 데 있습니다.

성격 검사의 구성요소

- 학문성 : 학문성은 학습에 대한 긍정적 또는 부정적 특성을 나타낸다. 학문성의 점수가 높을수록 학습에 관심이 많고 책읽기 탐구하기 등을 좋아하는 특성을 가진다.
- 사회성 : 사회성은 학부모, 교사, 또래집단에 대한 평가로부터 형성되는 지각이다. 이 점수가 높으면 여러 사람과 어울려 지내기를 좋아하고 친구가 많으며 원만한 대인관계를 유지하는 사회적 특성을 가진다.
- 가족성 : 가족성은 유아가 가족과의 관계를 어떻게 갖느냐를 나타내는 성격의 특성이다. 이 항목의 점수가 높을수록 가족생활에서 긍정적이고 바람직하게 행동하며 반대로 이 척도가 낮으면 가족생활의 적응도가 낮은 경향이라고 볼 수 있다.
- 정서성 : 정서성은 정서와 신체와 관련된 반응으로 이상성, 도덕성, 신체, 외모, 생김새 등을 나타내는 성격을 의미한다.

성격 검사 실시

성격 검사는 4, 5, 6, 7세 유아들의 성격을 측정하기 위한 검사로 총 26개의 문항으로 구성되어 있다.

- 유아는 그림을 보면서 자신의 생각이나 행동과 같은 곳에 표시한다.
- 항목은 학문성(7), 사회성(7), 가족성(6), 정서성(6)으로 구분되어 있다.
- 성격 검사는 5 - 7명의 소그룹으로 실시된다.
- 검사장소의 분위기는 안정되고 소음이 없는 곳에서 실시한다.
- 검사자는 유아교육에 관한 전문적 지식이나 유아와의 경험을 지닌 사람이 실시한다.
- 유아들이 알아듣기 쉽게 설명해주어 정확하게 선택할 수 있도록 한다.

★★★의 성격 검사 평정 결과

반명 : 꽃잎 2반 / 이름 : ★★★

영 역	배점	점수	학급에서의 수준
학문성	7	7	학급 평균이 6.45로 학급 평균에 비해 높습니다.
사회성	7	5	학급 평균이 5.64로 학급 평균에 비해 약간 낮습니다.
가족성	6	6	학급 평균이 5.23로 학급 평균에 비해 약간 높습니다.
정서성	6	6	학급 평균이 5.59로 학급 평균에 비해 약간 높습니다.

★★★ 점수에 대한 해석

★★★의 성격 검사결과는 학문성, 가족성, 정서성의 성향이 모두 긍정적인 것으로 나타났으며 사회성에서만 약간 부정적인 성향을 보이는 것으로 나타났습니다.

자기존중감 평정 결과 안내

반명 : 열매 1반 / 이름 : ★★★

안녕하세요?

본 자료는 2014년 9월 동안 유아 본인과 인터뷰한 자기존중감에 대한 평정결과입니다. 본 평정은 담임교사에 의해 실시되었으며 그 결과를 바탕으로 유아의 긍정적인 자아상 형성을 돕는 참고자료로 활용하였습니다.

① 자기존중감이란 ?

자기존중감이란 일상의 과업들을 성공적으로 수행하는 자조 기술 및 기본적인 능력에 대한 자기 인식과 또래 및 학부모와의 관계를 통한 사회적 수용에 대해 유아 스스로 자신이 지녔다고 생각하는 특성에 대한 느낌 또는 평가를 의미합니다.

② 자기존중감의 중요성

자기존중감은 대인관계를 원만히 유지하고 인간의 행동과 생활의 적응 문제에 영향을 끼치며 건전한 성격발달과 정신건강의 기반이 되기 때문에 인간으로서의 궁극적인 행복감을 느끼기 위한 필수적 요건입니다. 자신에 대해 긍정적인 사람은 다른 사람이 자신을 과소평가하도록 허락하지 않으며 자신의 재능과 적성을 낭비하지 않고 왜곡하지도 않으며 자신의 심리적, 육체적 안녕에 신경을 쓰고 동시에 내면의 영적 본질을 지키게 됩니다. 따라서 자기존중감이 높아지면 유치원 교육활동에 적극적 참여, 학교성적의 향상과 함께 정신건강, 인격발달, 도덕발달에도 도움이 됩니다.

③ 자기존중감의 하위 항목과 평정의 의미

하위항목	평정의 의미
인지능력	그림 조각 맞추기, 숫자놀이, 글자 알기, 간단한 수 세기, 만들기, 색 이름 알기와 같은 기본적인 학습활동의 수행 능력에 대해 자신이 지각하는 정도
신체능력	달리기, 뛰기, 오르기, 그네타기 등과 같은 대근육활동과 오리기, 단추 채우기 등과 같은 소근육 활동에 대한 수행 능력을 자신이 지각하는 정도
또래수용	친구가 많고, 장난감을 잘 나누어 쓰며, 놀이터에서 놀 친구가 많은 것 친구들과의 친밀도, 또래들로부터 수용과 인정에 대해 자신이 지각하는 정도
어머니수용	학부모님이 친구를 집에 놀러오게 하는 것, 이야기를 나누고 놀아주는 일, 쓰다듬고 안아주는 것, 맛있는 음식을 만들어주는 것과 같이 학부모님과의 관계에서 유아가 얼마나 수용되는지에 대해 자신이 지각하는 정도

※ 검사도구 : Harter와 Pike(1984)가 개발한 것을 김미경이 번안.

★★★의 자기존중감 평정 결과

반명 : 열매 O반 / 이름 : ★★★

하위항목	배점	나의 점수	학급에서의 수준
인지능력	18.00	16.00	학급 평균이 16.50으로 학급 평균에 비해 약간 낮습니다.
신체능력	18.00	15.00	학급 평균이 16.15로 학급 평균에 비해 약간 낮습니다.
또래수용	18.00	17.00	학급 평균이 17.15로 학급 평균에 비해 약간 높습니다.
어머니수용	18.00	17.00	학급 평균이 15.62로 학급 평균에 비해 약간 높습니다.

★★★ 점수에 대한 해석

★★★의 평정결과 자기존중감은 인지능력 신체능력 영역은 학급 평균에 비해 낮으며 또래 수용 어머니수용 영역은 학급평균에 비해 높은 것으로 나타났습니다.

Tip

학부모님 양육 tip!

유치원에서 유아에게 의미 있는 타인은 또래와 교사이며, 그 중 또래와 더 많은 시간을 보내며 상호작용을 하게 됩니다. 이는 유아가 유치원에 적응을 잘하기 위해서는 또래와의 사회적 관계에서 유아 자신이 수용되고 있다고 지각하는 것이 매우 중요하다는 사실입니다. 유치원에서 또래 간 상호작용은 주로 놀이의 형태로 나타나고 있고 유치원의 교육활동은 유아의 전인발달을 도모할 수 있는 놀이 중심으로 이루어지고 있음을 고려해 볼 때, 유아에게 다양한 놀이경험을 제공한다면 자기존중감을 가지고 유치원에 잘 적응하도록 할 수 있을 뿐 아니라 더불어 사는 사회의 건강한 구성원으로 준비될 수 있음을 시사해줍니다.

6) 학부모와 소통

만 3세 학부모 의견	★★의 친사회적 행동이 양호한 편이나 아주 높은 것은 아니네요. 집에서도 감정을 폭발(화나 슬픔)하는 경우가 종종 있으며, 아직 타인을 배려하지는 못하지만 동생 돌보는 것을 보면 앞으로 더 좋아질 것이라 생각됩니다. 원감 선생님께서 고생해주셨네요. ♥♥유치원에서 성장한 ★★모습이 기대됩니다(지금은 미운 네 살입니다). 지난 학기에 비해 2학기에는 유치원에 적응을 잘하고 있어 보입니다. 형과 동생 사이에서 있다 보니 형의 행동을 그대로 모방할 때도 잦습니다. 다툼이 일어나면 감정을 조절하지 못하고 화를 표출하거나 물건을 집어던지기도 합니다. 하지만 오히려 타인들과 있을 때 순종적이고 타협적으로 행동합니다.
만 4세 학부모 의견	★★이 성격 검사 결과표 잘 받았습니다. 대체로 결과가 좋게 나와서 만족스럽습니다. 앞으로도 ★★이가 밝고 명랑하게 잘 커가며 사회성도 점점 나아지며 평소 책읽기를 좋아하는 만큼 집에서도 책을 자주 접할 수 있도록 노력하겠습니다. ★★이 성격검사를 받아보고 가족성이 다른 영역에 비해 낮아서 걱정이 되었습니다. 동생이 있어서 형으로서 동생을 잘 돌봐야 하고 양보해야 한다고 강조한 것이 부담된 것은 아닌지. 앞으로 좀 더 칭찬도 많이 하고 함께 할 수 있는 시간을 많이 가져야겠습니다.
만 5세 학부모 의견	자기존중감 검사 결과를 잘 받았습니다. 우리 아이가 신체로 하는 것을 힘들어하고 책 읽기 등이 정적인 활동을 즐기는데 역시나 점수가 낮게 나왔네요. 몸도 마음도 골고루 성장할 수 있는 아이로 자랄 수 있도록 가정에서 지도하겠습니다. 가정에서의 모습과 유치원에서의 모습이 다른 모습이 있는 것 같습니다. 자신감 있는 아이로 자랄 수 있도록 집에서도 신경쓰겠습니다. 유치원에서도 자신감을 가질 수 있도록 발표 많이 시켜주세요.

〈학부모의 회신에 대한 교사 의견 및 교육활동 반영〉

만 3세 반영 내용	★★의 친사회적 행동이 1학기에 비해 많이 늘어나고, 조금 더 적극적으로 친구와 교사에게 다가가는 모습이 많아지고 있습니다. 만 3세에서는 개월 수에 따라 차이가 많이 나기도 합니다. ★★이가 생일이 가장 늦은 만큼 조금 천천히 발달하는 것으로 여겨지며, 2학기 들어 점점 적극적인 모습이 늘고 있는 만큼 격려하며 지켜보면 좋을 것 같습니다. 가정이 가장 편안한 곳이기 때문에 이러한 행동도 일어날 수 있습니다. 가족과는 편안한 상태로 갈등을 해결하게 되지만, 유치원이라는 작은 사회에서는 조금 더 유하고 친구들과 잘 어울리는 모습을 보이는 ★★입니다. 가정에서도 감정조절을 해서 표현했을 때 좋은 점에 대해 함께 이야기해보고, 격려해주시면 더욱 좋겠지요.
만 4세 반영 내용	★★이의 결과가 잘 나와서 저도 기쁩니다. ★★이는 친구들과 함께 도움을 주고받으며 협동하는 예쁜 아이랍니다. ★★이가 점점 멋진 어린이로 자라나는 모습을 기대해 봅니다. ★★이가 가족에 대해 이야기를 할 때 밝고 긍정적으로 이야기합니다. 가족 그림을 그릴 때도 즐거운 일에 대해 그리고요. 너무 염려하지 마시고 검사결과를 참고하셔서 ★★이에게 칭찬과 격려를 많이 해주시기 바랍니다.
만 5세 반영 내용	강당에서의 대근육 활동시간이나 바깥놀이 시간, 숲 체험 활동시간에 자리에 앉아 쉬는 모습이 발견되곤 합니다. 그리고 다리가 아프다는 말을 자주 하는데 외상에는 이상이 없어 보이지만 혹시 전문가의 진단을 받아보아야 하는 것은 아닌지 걱정이 됩니다. 유치원에서도 주의 깊게 관찰하도록 하겠습니다. 전반적으로 학부모님들은 인지능력과 또래수용에 관심이 많은 것 같습니다. 어머니 수용은 대부분 높이 나왔습니다. 교사가 느끼는 유아와 자아존중감이 높은 유아와 조금의 차이가 있음을 알고 많은 도움이 되었습니다.

8. 10월의 소통 자료

□ 기본생활 습관 관찰 결과 안내

[기본생활습관 및 평정 실시 개요]

- 실시시기 : 10월 3주
- 실시장소 : 학급교실, 화장실, 복도 등 유아의 일상생활과 교육활동 전반이 관찰 가능한 곳
- 소요시간 : 유아 1인당 약 10분
- 대 상 : 학급 유아 전체
- 관 찰 자 : 학급 담임
- 관찰도구 : 교육과학기술부(2011). 유치원 기본과정 내실화를 위한 인성교육 프로그램

1) 사전 협의

사전협의는 별로도 시간을 내기보다는 월별 월중 행사 협의 때 함께 진행한다. 연 4회 기본생활습관 평정의 구체적인 날짜를 협의를 통하여 결정하고 관찰 항목 및 평정 기준을 중심으로 간결하게 진행한다. 1년 차에는 가정으로 통지하는 사진자료를 연령별로 동일하게 계획하여 통지하였으나 2년 차에는 연령별로 사진자료에 차별을 두도록 사전협의를 거쳐 준비하였다. 예를 들어 청결 하위 덕목에서 3세는 이를 닦는 모습, 만 4세는 옷을 단정하게 입는 모습, 5세는 손을 씻는 모습 등으로 나누어 계획하면 연령별로 차이를 둘 수 있으며 재원생인 경우 중복된 자료가 나가는 일이 없을 것이다. 사전협의 내용은 다음과 같다.

2) 준 비

기본생활습관 평정의 준비는 매우 간단하다. 평정할 기본생활습관 소책자만 있으면 된다. 우리 학급의 모든 유아의 1년간 자료를 묶어 책자로 활용하면 분실된 염려가 없어 좋다. 유아교육기관의 실정에 따라 보조인력이 있다면 평정 결

과의 점수를 그대로 적거나 그래프로 옮겨 적는 과정은 도움을 받을 수 있다.

준 비

- 평정 자료 복사하여 학급별로 책 만들기(스프링 노트)
- 기본생활습관 평정자료 항목 숙지하기
- 사전 협의를 통해 점수부여 기준 정하기
- 평정에 도움을 줄 조력자 정하기(실습생, 근로장학생 등)

3) 평정 실시

유아의 기본생활습관을 잘 평가할 수 있도록 소책자로 제작하여 보관하며 1년에 모두 4차례에 걸쳐 기록한다. 4월, 7월, 10월, 2월 중 정확한 날짜를 정하여 청결, 건강관리, 자기관리, 예절, 규칙과 절제 등 유아의 기본생활습관을 평가한다. 담임교사는 청결, 건강관리, 자기관리, 예절, 규칙과 절제의 하위 덕목에 맞는 유아의 행동을 관찰하고 사진촬영을 통하여 기록한다. 담임교사가 관찰에 의해 개별 유아를 기본생활습관을 평가하고 안내 자료에 수기로 기록할 보조 인력의 도움을 받아 기록한다.

4) 안내자료 작성

가정으로 통지할 안내자료는 학급 담임교사가 작성한다. 우선 그동안의 사진자료를 덕목별로 유아별로 정리한 뒤 1회~4회까지의 기본생활습관 점수 기록 및 소계, 관찰척도 점수 비교표는 수기 작업과 컴퓨터 작업 중 익숙한 작업으로 처리한다. 수기로 기록해도 무방하며 회차별로 색깔을 달리하며 기록해야 구별이 가능하다. 관찰 결과 해석 및 요약은 유아의 바람직한 행동 변화에 초점을 맞추어 긍정적인 방향으로 기록한다. 교사가 작성한 안내자료 부분을 제시하면 다음과 같다.

5) 가정으로 안내

2014 기본생활교육 평정 결과 안내

반명 : 열매 1반 / 이름 : ★★★

안녕하세요?

본 자료는 2014학년도에 실시된 유치원 기본생활교육 평정 결과입니다. 본 검사는 3월부터 담임교사에 의해 면접법과 관찰법으로 실시되었으며 그 결과를 바탕으로 개별 유아의 기본생활습관 실태를 파악하여 유아 기본생활교육과 인성교육을 위한 기초자료로 활용하고 있습니다.

기본 생활 교육

기본생활교육이란 관습과 전통의 형태로 이어져 내려오는 사회적 규범과 원리에 따라 행동하고 현재 직면하고 있는 다양한 삶의 양식에 따라 적응하며 행동할 수 있도록 돕는 교육입니다. 기본생활 교육은 그 하위 내용 체계로서 예절, 질서, 청결, 절제의 네 가지 덕목을 기초로 인간이 인간답게 살기 위해 가장 기초가 되는 내용을 교육하는 것입니다. 우리유치원에서는 유치원 교육과정과 연계하여 신체운동 · 건강 영역의 내용과 사회관계 영역 내용을 기본생활교육 5개의 덕목으로 하여 지속적으로 유치원생활 속에서 지도하고 덕목별로 유아의 기본생활습관 정도를 관찰하여 5단계 평정척도에 의해 평가하고 있습니다.

우리유치원에서는 유치원에서 자체 제작한 소책자(소중한 나 특별한 나)를 활용하여 연령별로 가정과 연계하여 매일 기본생활습관교육을 실시하고 있습니다. 『소중한 나 특별한 나』는 유아들이 민주시민으로서 갖추어야 할 기초적인 인성과 질서, 배려, 협력의 기본생활습관형성을 통해 긍정적이고 미래지향적인 마인드를 갖는 예절바른 사람으로 자라도록 돕기 위한 가정연계 인성교육 실천 프로그램입니다.

출처: 1. 교육과학기술부(2011). 유치원 기본과정 내실화를 위한 인성교육 프로그램.
2. 국립교육평가원(1996). 유치원 교육평가.

하위 덕목과 문항 구성내용

하위덕목	문항 구성내용
청결	누리과정 신체운동 건강 영역의 건강하게 생활하기 내용범주 중 몸과 주변을 깨끗이 하기와 연계된 활동으로 '1. 이를 닦는다, 2. 손을 씻는다, 3. 옷을 단정하게 입는다, 4. 쓰레기는 분리하여 쓰레기통에 버린다, 5. 주변을 깨끗이 정리한다.'의 항목으로 구성되어 있습니다.
건강관리	누리과정 신체운동 건강 영역의 건강하게 생활하기 내용범주 중 건강한 일상생활 하기와 연계된 활동으로 '1. 규칙적으로 잠을 잔다. 2. 적당한 휴식을 취한다. 3. 하루 일과에 즐겁게 참여한다. 4. 바른 배변 습관을 가진다. 5. 규칙적인 배변습관을 가진다. '의 항목으로 구성되어 있습니다.
자기관리	누리과정 신체운동 건강 영역의 건강하게 생활하기 내용범주 중 질병 예방하기와 연계된 활동으로 '1. 질병의 위험을 알고 주의한다. 2. 질병 예방 방법을 알고 실천한다. 3. 날씨에 알맞게 옷을 입는다. 4. 자신의 몸을 스스로 보호한다. 5. 음식을 골고루 먹는다.'의 항목으로 구성되어 있습니다.
규칙과 절제	누리과정 사회관계 영역의 사회에 관심 갖기 내용범주 중 사회적 가치를 알고 지키기와 연계된 활동으로 '1. 약속과 규칙을 지킨다. 2. 스스로 정리정돈을 한다. 3. 다른 사람을 존중하고 배려한다. 4. 함께 사용하는 물건을 아껴쓴다. 5. 자연과 자원의 소중함을 안다.'의 항목으로 구성되어 있습니다.

기본생활교육 덕목별 활동 모습

자유선택 활동을 하고 있는 모습

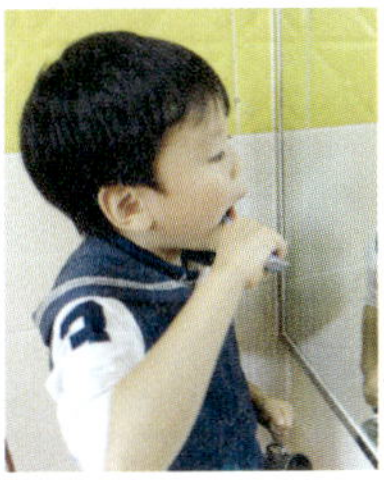

청 결

건강관리

자기관리

예 절

규칙과 절제

관찰유아	강 ㅇ ㅇ		생년월일	10.ㅇㅇ.ㅇㅇ
학 급 명	새싹-ㅇ반		관 찰 자	담임 배ㅇㅇ
관 찰 일	1회	2회	3회	4회
	2014. 4. 30	2014. 7. 30	2014. 10. 15	2015. 02. 20

영역	내 용	1	2	3	4	5	소계
청 결	1. 이를 닦는다.	■	■	◉	◉	■	1회: 12
	2. 손을 씻는다.	■	■	◉	◉	■	2회: 14
	3. 옷을 단정하게 입는다.	■	◉	◉	◉	■	3회: 18
	4. 쓰레기는 분리하여 쓰레기통에 버린다.	■	◉	◉	■	■	4회:
	5. 주변을 깨끗이 정리한다.	■	◉	◉	■	■	25점
건강관리	1. 규칙적으로 잠을 잔다.	■	■	◉	■	■	1회: 18
	2. 적당한 휴식을 취한다.	■	■	◉	■	■	2회: 19
	3. 하루 일과에 즐겁게 참여한다.	■	■	■	■	◉	3회: 19
	4. 바른 배변 습관을 가진다.	■	■	◉	◉	■	4회:
	5. 규칙적인 배변습관을 가진다.	■	■	■	◉	■	25점
자기관리	1. 질병의 위험을 알고 주의한다.	■	◉	◉	■	■	1회: 12
	2. 질병 예방 방법을 알고 실천한다.	■	◉	◉	■	■	2회: 15
	3. 날씨에 알맞게 옷을 입는다.	■	◉	◉	◉	■	3회: 17
	4. 자신의 몸을 스스로 보호한다.	■	■	◉	◉	■	4회:
	5. 음식을 골고루 먹는다.	■	■	◉	■	■	25점
예 절	1. 인사를 잘한다.	■	■	■	◉	◉	1회: 16
	2. 정직하게 말하고 행동한다.	■	◉	◉	◉	■	2회: 22
	3. 친구와 어른께 예의바르게 행동한다.	■	■	◉	◉	■	3회: 20
	4. 도움받은 일과 잘못한 일을 표현한다.	■	■	■	◉	◉	4회:
	5. 국기를 소중히 다룬다.	■	■	◉	◉	■	25점
규칙과 절제	1. 약속과 규칙을 지킨다.	■	◉	◉	■	■	1회: 11
	2. 스스로 정리정돈을 한다.	■	◉	◉	■	■	2회: 14
	3. 다른 사람을 존중하고 배려한다.	■	■	◉	◉	■	3회: 15
	4. 함께 사용하는 물건을 아껴쓴다.	■	◉	◉	■	■	4회:
	5. 자연과 자원의 소중함을 안다.	■	◉	■	■	■	25점

관찰 결과 해석 및 요약

ㅇㅇ이의 바람직한 기본 생활 습관형성을 위하여 누리과정의 신체운동·건강, 사회관계 영역과 연계하여 청결, 건강관리, 자기관리, 예절, 규칙과 절제 영역으로 관찰한 결과 1회 관찰점수는 13.8점이었으며 2회 관찰점수는 16.8점, 3회 관찰점수는 17.8점으로 점점 바람직한 습관이 형성되고 있으며 이 중에서도 특히 청결 영역과 예절 영역에서 긍정적인 변화를 나타내고 있습니다.

기본생활교육 덕목별 유아 관찰척도 점수 비교표

단 계	청 결	건강관리	자기관리	예 절	규칙과 절제	단 계
5단계	25	25	25	25	25	5단계
	24	24	24	24	24	
	23	23	23	23	23	
	22	22	22	22	22	
	21	21	21	21	21	
4단계	20	20	20	20	20	4단계
	19	19	19	19	19	
	18	18	18	18	18	
	17	17	17	17	17	
	16	16	16	16	16	
3단계	15	15	15	15	15	3단계
	14	14	14	14	14	
	13	13	13	13	13	
	12	12	12	12	12	
	11	11	11	11	11	
2단계	10	10	10	10	10	2단계
	9	9	9	9	9	
	8	8	8	8	8	
	7	7	7	7	7	
	6	6	6	6	6	
1단계	5	5	5	5	5	1단계
단계	청 결	건강관리	자기관리	예 절	규칙과 절제	단계

☞ 1회 관찰점수	13.8	☞ 3회 관찰점수	16.8
☞ 3회 관찰점수	17.8	☞ 4회 관찰점수	

9. 12월의 소통 자료

□ **동이백이 누리과정 이야기(전연령)**

[동이백이의 누리과정 이야기 작성 개요]

- 작성시기 : 12월 2주 ~ 12월 3주
- 작성내용 : 누리과정 영역별 목표와 내용을 준거로 작성
- 자료 수집 기간 : 3월 ~ 1월
- 대　　상 : 학급 유아 전체
- 작 성 자 : 학급 담임
- 작성도구 : 유아교육기관에서 자체 제작한 자료

[동이백이의 유치원 누리과정 이야기]

사전 협의	⇨	준 비	⇨	자료 준비 및 정리	⇨	자료 작성	⇨	가정으로 안내	⇨	결과에 대한 의견 교환
12월 1일		12월 1주		12월 1주		12월 2, 3주		12월 3주		개학 후

1) 사전 협의

1학기 '동이백이의 유치원 생활이야기'를 늦게 준비하여 어려움을 겪었던 기억 탓에 2학기 누리과정 이야기는 9월 초에 교사 협의회를 거쳐 평정 방법, 기록방법에 대해 미리 준비하였다. 사전협의는 월중 협의회를 할 때 함께 진행해도 무방하다. 그 후에 연령별로 모여 각 영역별 하위내용의 활동사신을 어떻게 준비할 것인지를 계획하는 것이 필요하다. 누리과정에 기초하기 때문에 각 영역별

하위내용의 활동사신은 연령별로 당연히 차이가 나며 누리과정 교사용 지침서를 참고로 하면 좋을 것이다. 또한 학기 중 전학 온 유아의 사진 정리는 어떻게 할 것인지 사전 협의를 통해서 계획하여 놓는 것도 필요하다. 구체적인 사전 협의 내용은 다음과 같다.

동이백이의 누리과정 이야기 사전 협의	• 동이백이의 누리과정 이야기 평정방법, 기록방법 숙지하기 • 연령별로 동이백이의 누리과정 이야기 내용 숙지하기 • 효율적인 작업이 되기 위한 도움Tip 공유하기 • 안내자료 통지 일정 협의하기

2) 준 비

1학기부터 유아의 활동모습을 사진자료로 수집하는 것으로 동이백이의 누리과정 이야기를 준비한다. 사진자료는 3월부터 12월까지 꾸준히 수집하며 누리과정 영역별로 분류해 놓으면 좋다. 누리과정 영역별 평가 자료는 1, 2학기를 합쳐서 소책자로 제작하여 놓은 후 1학기에 한 번, 2학기에 한 번 평가를 한다. 이때 포트폴리오 자료 및 기본생활습관 평정 자료를 기초로 평가한다.

준 비

- 누리과정 영역별 평가 자료 소책자 제작하기
- 누리과정 영역별 사진 촬영 자료 수집하여 사진 정리하기
- 가정으로 통지할 안내자료 학급별로 수정하기

3) 안내자료 작성

누리과정 영역별 평가에 기초하여 평가 문항에 평정한 후에 분류한 사진자료를 정리한다. 그리고 각 영역별 교사의 의견은 생활기록부와 연계하여 작성하면 좋다. 가정으로 안내할 분량이 1년의 내용이기 때문에 미리미리 준비해야 한다. 연령별로 충분히 협의하여 연출된 사진이 아니라 활동과 연계하여 사진자료를 남길 수 있도록 평소에 준비를 해두도록 한다.

4) 가정으로 안내

학부모님께

'★★이의 누리과정 이야기'는 ★★이가 지난 3월 입학에서부터 현재까지 유치원에서 운영한 누리과정의 영역별 교육 활동을 기록한 자료입니다. 우리유치원은 국가수준 교육과정인 누리과정을 운영하고 있으며 누리과정은 만 3~5세 유아의 심신의 건강과 조화로운 발달을 도와 민주시민의 기초를 형성하는 것을 목적으로 하는 교육과정입니다.

우리유치원에서의 유아 평가는 개별유아에 대한 이해를 높이고 유아의 발달과 학습수준을 평가하여 유아가 최적의 발달을 할 수 있도록 도와주는 과정으로 이루어지고 있습니다. 학부모님께서도 유아의 좋은 점, 부족한 점을 알고 장점은 살리고 부족한 점은 보완하여 좀 더 바람직한 방향으로 노력하며 발전해 나갈 수 있도록 많이 격려해 주시기 바랍니다.

2014. 12. 23

♥♥유치원장

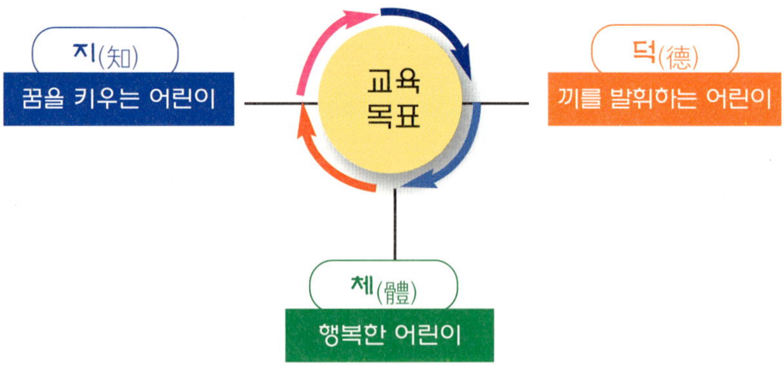

소통 계획 세우기 | 소통한 사례 | 소통의 효과

누리과정 구성방향

누리과정은 2012~2016(2012.07.10)호로 교육과학기술부가 고시한 국가 수준의 유치원 교육과정이다.

누리과정의 구성 방향은 다음과 같다.
1. 질서, 배려, 협력 등 기본생활습관과 바른 인성을 기르는 데 중점을 두어 구성한다.
2. 자율성과 창의성을 기르는 데 중점을 두고, 전인발달을 이루도록 구성한다.
3. 사람과 자연을 존중하고, 우리 문화를 이해하는 데 중점을 두어 구성한다.
4. 만 3~5세아의 발달 특성을 고려하여 연령별로 구성한다.
5. 신체운동 · 건강, 의사소통, 사회관계, 예술경험, 자연탐구의 5개 영역을 중심으로 구성한다.
6. 초등학교 교육과정과 0~2세 표준보육과정과의 연계성을 고려하여 구성한다.

누리과정 소개

누리과정은 만 3~5세 유아의 심신의 건강과 조화로운 발달을 도와 민주시민의 기초를 형성하는 것을 목적으로 한다.

〈목 표〉
가. 기본 운동 능력과 건강하고 안전한 생활 습관을 기른다.
나. 일상생활에 필요한 의사소통 능력과 바른 언어 사용 습관을 기른다.
다. 자신을 존중하고 다른 사람과 더불어 생활하는 능력과 태도를 기른다.
라. 아름다움에 관심을 가지고 예술 경험을 즐기며, 창의적으로 표현하는 능력을 기른다.
마. 호기심을 가지고 주변세계를 탐구하며, 일상생활에서 수학적 · 과학적으로 생각하는 능력과 태도를 기른다.

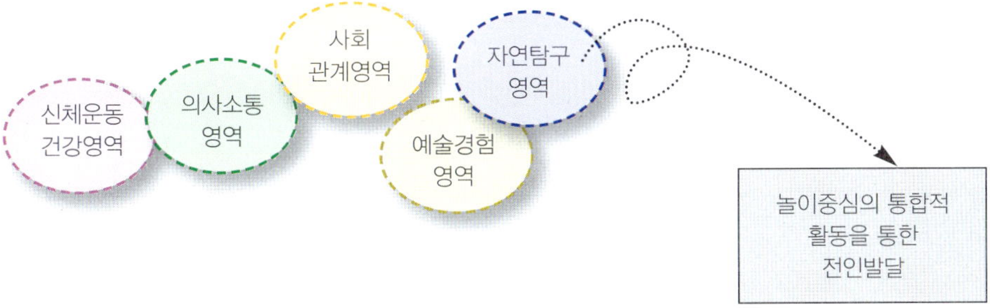

신체운동 · 건강

기본 운동 능력과 건강하고 안전한 생활 습관을 기른다.

1. 감각 능력을 기르고, 자신의 신체를 긍정적으로 인식한다.
2. 신체를 조절하고 기본 운동 능력을 기른다.
3. 신체 활동에 즐겁게 참여한다.
4. 건강한 생활 습관을 기른다.
5. 안전한 생활 습관을 기른다.

신체운동 · 건강 영역 평가 문항

영역	평 가 문 항	1학기	2학기
신체운동 · 건강	1. 신체를 인식하고 움직이기	▲	▲
	2. 소근육 조절하기	●	●
	3. 이동하며 운동하기	▲	▲
	4. 신체활동에 참여하기	▲	▲
	5. 공을 이용하여 신체활동하기	▲	●
	6. 몸을 깨끗이 하기	●	●
	7. 주변을 깨끗이 하기	●	●
	8. 바른 태도로 식사하기	♥	▲
	9. 하루일과에 참여하기	●	●

잘해요 : ●　대체로 잘해요 : ▲　도와주면 잘 해요 : ♥

신체운동 · 건강 영역에 대한 선생님의 의견	
	여러 사람이 함께 하는 신체활동에 참여하여 협력하고 식사시 지켜야 할 기본적인 예절을 알고 실천할 수 있으며 음식을 소중히 여기고 남기지 않으려고 노력합니다. 움직임의 요소를 활용하여 창의적으로 움직임을 만들 수 있으며 다양한 재난 및 사고 등 비상시 대처하는 방법을 알고 스스로 대처할 수 있습니다.

신체운동 · 건강 영역 내용별 활동 모습

신체 인식하기

감각능력 기르고 활용하기

신체를 인식하고 움직이기

신체조절과 기본 운동하기

신체 조절하기

기본운동하기

신체 활동에 참여하기

자발적으로 신체활동에 참여하기

바깥에서 신체활동하기

기구를 이용하여 신체활동하기

건강하게 생활하기

몸과 주변을 깨끗이 하기

바른 식생활하기

건강한 일상생활하기

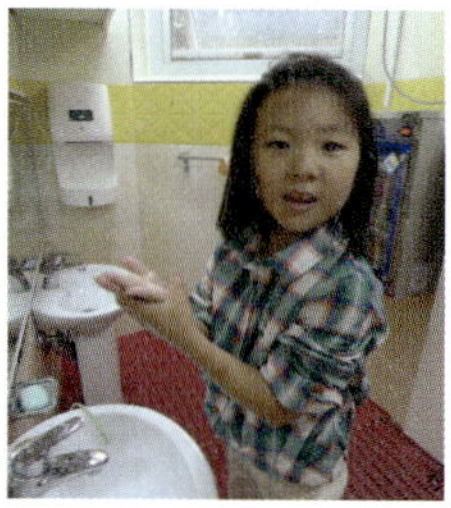

질병 예방하기

안전하게 생활하기

안전하게 놀이하기

교통안전 규칙 지키기

비상 시 적절히 대처하기

의사소통

일상생활에 필요한 의사소통 능력과 바른 언어 사용 습관을 기른다.

1. 다른 사람의 말을 주의 깊게 듣는 태도와 이해하는 능력을 기른다.
2. 자신의 생각과 느낌을 말하는 능력을 기른다.
3. 글자와 책에 친숙해지는 경험을 통하여 글자 모양을 인식하고 읽기에 흥미를 가진다.
4. 말과 글의 관계를 알고 자신의 생각, 느낌, 경험을 글로 표현하는 데 관심을 가진다.

의사소통 영역 평가 문항

영역	평 가 문 항	1학기	2학기
의사소통	1. 낱말과 문장 듣고 이해하기	●	●
	2. 이야기 듣고 이해하기	●	●
	3. 바른 태도로 듣기	●	●
	4. 낱말과 문장으로 말하기	●	●
	5. 느낌, 생각, 경험 말하기	●	●
	6. 상황에 맞게 바른 태도로 말하기	●	●
	7. 글자 읽기에 흥미가지기	●	●
	8. 책 읽기에 관심가지기	●	●
	9. 쓰기에 관심가지기	●	●
	10. 쓰기도구를 바르게 사용하기	●	●

잘해요 : ●　대체로 잘해요 : ▲　도와주면 잘 해요 : ♥

의사소통 영역에 대한 선생님의 의견	
	여러 가지의 낱말의 발음을 듣고 정확하게 변별하며 다양한 단어를 활용하여 자신의 느낌, 생각, 경험을 말과 글로 풍부하게 표현할 수 있습니다. 동요, 동시, 동화를 듣는 것을 즐기며 주의를 집중하여 책읽기를 즐거워하며 책의 줄거리를 시간적 순서에 따라 말할 수 있고 책의 뒷내용을 자신의 경험과 관련짓거나 상상하여 창의적인 글로 표현할 수 있습니다.

의사소통 영역 내용별 활동 모습

듣 기

낱말과 문장 듣고 이해하기	이야기 듣고 이해하기	동요, 동시, 동화 듣고 이해하기	바른 태도로 듣기

말 하 기

낱말과 문장으로 말하기

느낌, 생각, 경험 말하기

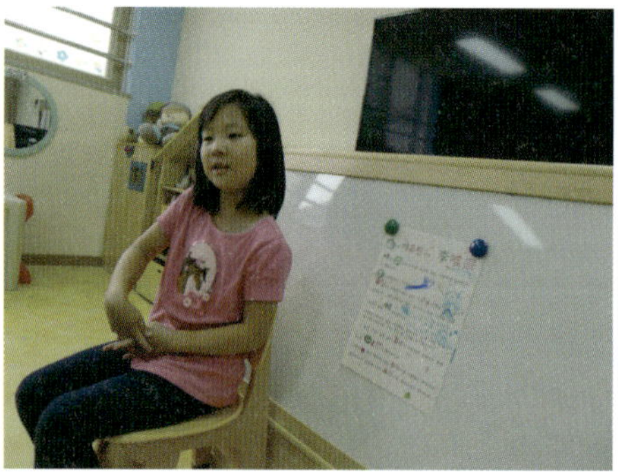

상황에 맞게 바른 태도로 말하기

읽 기

읽기에 흥미 가지기

책 읽기에 관심 가지기

쓰 기

쓰기에 관심 가지기

쓰기 도구 사용하기

사회관계

자신을 존중하고 다른 사람과 더불어 생활하는 능력과 태도를 기른다.

1. 자신을 소중히 여기며 자율성을 기른다.
2. 자신과 타인의 감정을 알고, 자신의 감정을 적절하게 표현하고 조절한다.
3. 가족과 화목하게 지내며 서로 협력한다.
4. 친구, 공동체 구성원들과 서로 돕고, 예의 · 규칙 등 사회적 가치를 알고 지킨다.
5. 우리 동네, 우리나라, 다른 나라에 관심을 가진다.

사회관계 영역 평가 문항

영역	평 가 문 항	1학기	2학기
사회관계	1. 나를 소중하게 여기기	●	●
	2. 나의 일 스스로 하기	●	●
	3. 나의 다른 사람의 감정 알고 표현하기	●	●
	4. 나의 감정 조절하기	●	●
	5. 친구와 함께 놀이하기	▲	●
	6. 친구와 갈등 해결하기	●	●
	7. 약속과 규칙 지키기	●	●
	8. 지역사회에 관심 갖고 이해하기	●	●
	9. 우리나라에 관심 갖고 이해하기	▲	●
	10. 세계의 여러 문화에 관심가지기	▲	●

잘해요 : ● 대체로 잘해요 : ▲ 도와주면 잘 해요 : ♥

사회관계 영역에 대한 선생님의 의견

- 일상생활과 유치원에서 스스로 할 수 있는 일을 알아보고 적극적으로 실천하며 자신이 맡은 일을 책임 있게 수행하며 윗사람에게는 존댓말을 해야 하며 친구사이에도 예의 바르게 행동하는 것이 중요하다는 것을 알고 실천합니다.
- 다양한 가족 구조가 있음을 알고 나와 다른 가족에 대한 편견을 갖고 있지 않으며 우리나라와 세계 여러 나라에 대한 관심도 많습니다.

사회관계 영역 내용별 활동 모습

나를 알고 존중하기

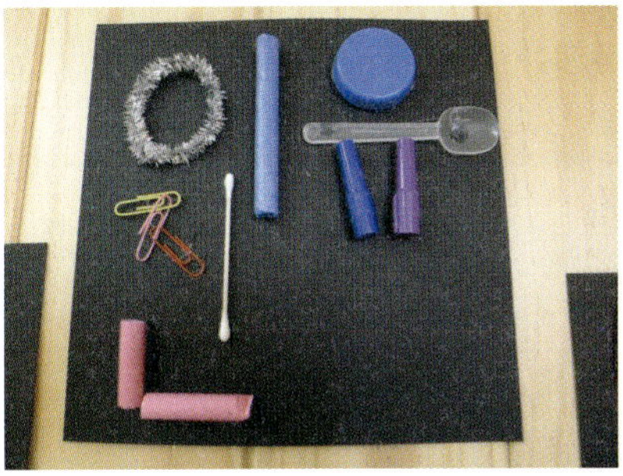

나를 알고 소중히 여기기

나의 일 스스로 하기

나와 다른 사람의 감정 알고 조절하기

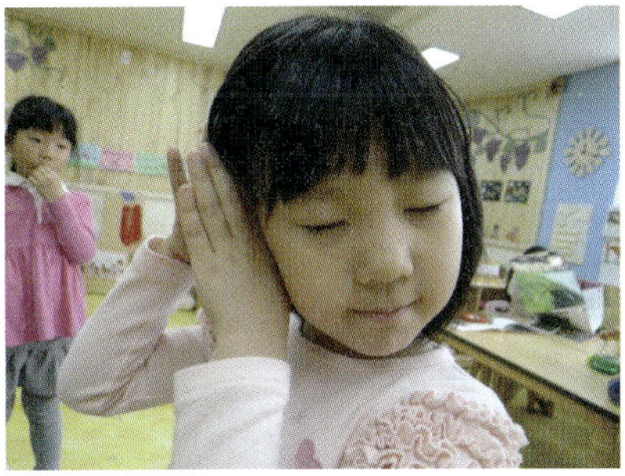

나와 다른 사람의 감정 알고 표현하기

나의 감정 조절하기

가족을 소중히 여기기

가족과 화목하게 지내기

가족과 협력하기

다른 사람과 더불어 살아가기

친구와 사이좋게 지내기

공동체에서 화목하게 지내기

사회에 관심 갖기

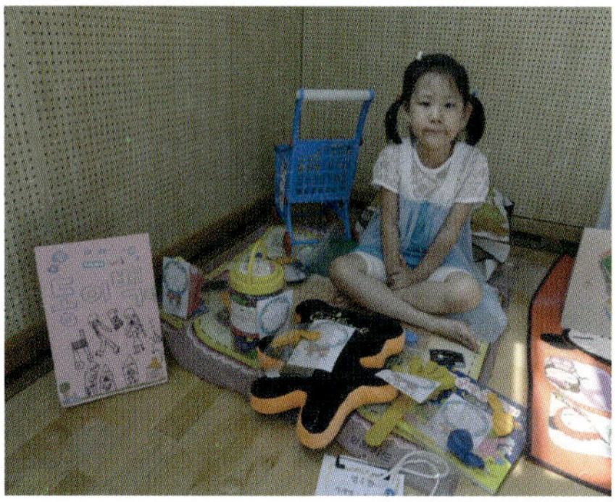

지역사회에 관심 갖고 이해하기

우리나라에 관심 갖고 이해하기

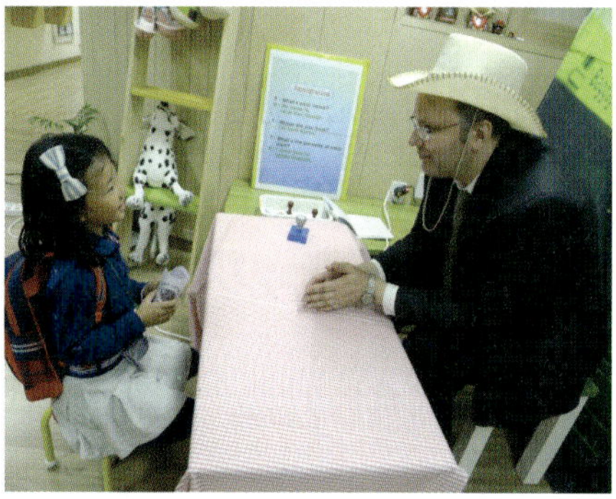

세계 여러 문화에 관심 가지기

예술 경험

아름다움에 관심을 가지고 예술 경험을 즐기며, 창의적으로 표현하는 능력을 기른다.

1. 자연과 주변 환경에서 발견한 아름다움과 예술적 요소에 관심을 갖고 탐색한다
2. 자신의 생각과 느낌을 음악, 움직임과 춤, 미술, 극놀이를 통해 창의적으로 표현하는 것을 즐긴다.
3. 자연과 다양한 예술작품을 감상하며, 풍부한 감성과 심미적 태도를 기른다.

예술경험 영역 평가 문항

영역	평 가 문 항	1학기	2학기
예술 경험	1. 음악적 요소 탐색하기	●	●
	2. 다양한 미술재료와 도구 사용하기	▲	●
	3. 노래로 표현하기	●	●
	4. 움직임과 춤으로 표현하기	●	●
	5. 미술활동으로 표현하기	▲	●
	6. 극놀이로 표현하기	●	●
	7. 다양한 예술 감상하기	▲	●
	8. 전통예술 활동에 참여하기	▲	●

잘해요 : ●　대체로 잘해요 : ▲　도와주면 잘 해요 : ♥

예술경험 영역에 대한 선생님의 의견	
	미술작품의 미술적 요소 중 여러 가지를 탐색할 수 있으며 배운 노래의 리듬에 따라 악기를 능숙하게 연주할 수 있습니다. 극놀이를 보고 친구들의 표현에 대해서 다양한 생각과 느낌을 나눌 수 있을 뿐 아니라 동화를 듣고 극놀이 활동에서 등장인물의 특성을 다양하게 묘사합니다

예술경험 영역 내용별 활동 모습

아름다움 찾아보기

음악적 요소 탐색하기

움직임과 춤 요소 탐색하기

미술적 요소 탐색하기

예술적 표현하기(1)

음악으로 표현하기

움직임과 춤으로 표현하기

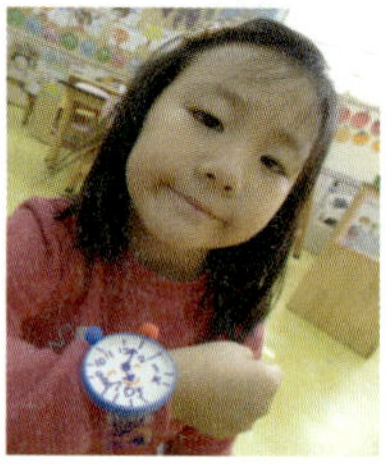

미술활동으로 표현하기

예술적 표현하기(2)

극놀이로 표현하기

통합적으로 표현하기

예술적 감상하기

다양한 예술 감상하기

전통예술 감상하기

자연 탐구

호기심을 가지고 주변세계를 탐구하며, 일상생활에서 수학적·과학적으로 생각하는 능력과 태도를 기른다.

1. 주변의 사물과 자연 세계에 대해 알고자 하는 호기심을 가지고 탐구하는 태도를 기른다.
2. 생활 속의 여러 상황과 문제를 논리·수학적으로 이해하고 해결하기 위한 기초 능력을 기른다.
3. 주변의 관심 있는 사물과 생명체 및 자연현상을 탐구하기 위한 기초능력을 기른다.

자연탐구 영역 평가 문항

영역	평 가 문 항	1학기	2학기
자연탐구	1. 탐구하는 태도 기르기	●	●
	2. 수량 비교하기	▲	●
	3. 공간의 기초개념 형성하기	●	●
	4. 도형의 기초개념 형성하기기	●	●
	5. 속성에 따라 비교하고 순서 짓기	▲	●
	6. 규칙성 이해하기	●	●
	7. 사물을 분류하기	▲	●
	8. 물질의 변화과정 탐구하기	▲	●
	9. 동물이나 식물 탐구하기		
	10. 자연현상 탐구하기		

잘해요 : ● 대체로 잘해요 : ▲ 도와주면 잘 해요 : ♥

자연탐구 영역에 대한 선생님의 의견

- 주변 사물과 자연 세계의 변화에 지속적인 호기심을 보이며 구체물의 수량과 부분과 전체 관계를 이해하고 활용하며 새로운 기계와 도구를 재료의 특성과 사용방법, 목적에 맞게 적절하게 활용합니다.
- 생명체를 소중히 여기는 태도가 돋보이며 일상생활의 궁금증이나 문제에 대해 탐색, 관찰, 비교 등 탐구 기술을 활용하여 해결합니다.

자연탐구 영역 내용별 활동 모습

탐구하는 태도 기르기

호기심을 유지하고 확장하기

탐구과정 즐기기

탐구 기술 활용하기

수학적 탐구하기(1)

수와 연산의 기초개념 알아보기

공간과 도형의 기초개념 알아보기

기초적인 측정하기

수학적 탐구하기(2)

규칙성 이해하기

기초적인 자료수집 결과 나타내기

과학적 탐구하기

물체와 물질 알아보기

생명체와 자연환경 알아보기

자연현상 알아보기

간단한 도구와 기계 알아보기

Ⅲ. 소통의 효과

1. 유아 이해와 발달을 위한 적절한 지원

학부모와의 소통에 있어서 유아 평가에 관한 정보를 공유하는 것은 학부모로 하여금 자녀에 대해 보다 잘 알게 하는 동시에 진실된 파트너십을 형성하는 좋은 방법이 되었다. 유아 발달과 기관에서의 생활에 관한 다양한 정보를 학부모에게 지속적으로 제공하여 자녀에 발달에 대한 관심을 갖게 되었으며 이를 통해 유아 이해와 발달을 위한 적절한 지원을 할 수 있는 좋은 계기가 되었다.

2. 유아교육기관에 대한 이해

대부분의 학부모님은 자녀의 교육을 맡긴 기관에 대해 교육적으로나 도덕적으로 믿음을 갖기를 원하고 있다. 그러나 기관에서 제공하는 다양한 안내에 대해 무조건적인 믿음을 갖게 되기는 어려운 일이므로 많은 유아교육기관에서는 학부모의 신뢰를 얻기 위한 다양한 소통을 활용하고 있다. 예전보다는 학부모와의 소통이 다양해지고 세심한 부분까지 이루어지고 있지만 여전히 학부모님들은 자신의 자녀에 대한 정보를 보다 더 많이 제공받기를 기대한다. 이러한 부분을 보완하기 위해 유아평가 자료를 활용한 학부모와의 소통은 자녀에 대한 이해와 더불어 유아교육기관에 대한 바람직한 이해를 통해 유아교육기관에 대한 신뢰가 저절로 증진되는 결과를 얻게 되었다.

3. 학부모와의 신뢰 형성

학부모는 자신의 자녀에 대해 기관의 교사가 세심한 관찰을 통해 객관적이고 정확한 정보를 제공해 주는 것에 대해 깊은 신뢰를 하게 되었다. 담임 교사가 체계적인 준거를 가지고 체계적인 방법으로 자료를 수집하고 합리적으로 분석하여 제시하는 노력을 기울였기 때문이다. 때로는 가정에서의 유아 생활과 기관에서의 유아 생활의 차이에 대해서 의문을 제기하는 경우도 있었으나 구체적인 상황 설명과 정확한 관찰을 통해 적절한 지도 사례를 접하면서 담임교사에 대한 신뢰가 시간이 흐를수록 점점 더 증가되었다.

4. 전문가로 거듭나는 교사 자신의 자긍심

유아 평가에 관한 소통을 통해 가장 많은 혜택을 받은 사람은 바로 담임교사였다. 교사가 유아를 세심하게 관찰하고 정보를 수집하는 과정에서 자신의 학급 운영을 위한 통찰력을 습득하게 되었고 이를 기반으로 개별유아를 지원하고 교육활동에 반영함으로써 자신의 학급 유아들의 기관 생활이 행복해졌기 때문이다. 유아를 평가하여 현 상태를 이해하면 어떤 방법으로 발달과 교육을 지원할지 판단할 수 있게 되었으며 이로 인해 유아의 발달과 교육적 향상을 극대화 할 수 있게 되었다. 단 한명의 유아도 소외되지 않도록 모든 학급의 유아를 관찰하고 적절한 지원을 하고 있다는 사실은 유아의 발달과 교육적 향상을 극대화 한 교육의 전문가로 거듭나는 교사 자신의 자긍심이 되었다.

참고문헌

강문희·이광자·박경(1999). 인간관계의 이해. 서울: 학지사.

경기도용인교육청(2010). 교사의 관심과 사랑이 묻어나는 행복한 유아를 위한 유치원 평가.

곽덕영 역(1986). 유아연구. 서울: 형설출판사.

교육과학기술부(2012). 유치원교육과정.

교육과학기술부·보건복지부(2012). 5세 누리과정 교사용 지침서. 교육과학기술부·보건복지부.

교육과학기술부·보건복지부(2013). 3~5세 연령별 누리과정 교사용 지침서. 교육과학기술부·보건복지부.

교육부(2014). 3주기 유치원 평가 매뉴얼. 교육부.

국립교육평가원(1995). 유아교육기관 교육 평가. 국립교육평가원.

김병선·이윤옥(1998). 아동연구방법. 서울: 양서원

김지은·김진숙(2006). 아동행동관찰 및 평가. 서울: 양서원.

김지은·김진숙(2010). 유아관찰 및 평가. 서울: 양서원.

김희진(2006). 유아교육기관에서의 부모교육과 지원. 서울: 파란마음.

김희진(2014). 유아교육기관에서의 영유아 평가. 서울: 파란마음.

김희진·박은혜·이지현(2011). 영유아교육기관에서의 관찰(개정판). 서울: 창지사.

네이버 국어사전. http://krdic.naver.com/search.nhn?query(2015. 4. 2. 검색)

박찬옥 외(2013). 유아교사를 위한 논리·창의 교육. 경기: 정민사.

서울유아교육진흥원(2012). 5세 누리과정 유아관찰척도.

서울유아교육진흥원(2013). 3세 누리과정 유아관찰척도.

서울유아교육진흥원(2013). 4세 누리과정 유아관찰척도.

심성경·함은숙·변길희·박수경(2012). 유아 평가 바로 알기. 서울: 창지사.

이연섭(1984). 유아교육론. 서울: 정민사.

이연섭외 14인(1996). 유아교육개론. 서울: 정민사.
이영(2012). 3, 4세 누리과정 유아관찰척도 개발. 육아정책연구소.
이영(2012). 5세 누리과정 운영에 따른 유아평가 연구. 육아정책연구소.
이은해(1995). 아동발달의 평가와 측정. 서울: 교문사.
이은해·이기숙(1996). 유아교육 프로그램 평가척도. 서울: 창지사.
이은해 외 3인(1995). 유아관찰척도. 교육부.
이희영(1996). 유아의 인지양식과 친사회적 행동 기술과의 관계연구. 한국교원대학교 대학원석사 학위논문.
전남련·권경미·김덕일·이미순(2008). 유아교육현장적용을 위한 유아관찰평가의 이론과 실제. 서울: 양서원.
천순옥(1996). 놀이계획, 수행, 평가의 일치와 유아의 발달특성에 관한 연구. 한국교원대학교대학원 석사학위 논문.
최일선·조운주(2010). 유아교육 평가의 이론과 실제. 서울: 창지사.
최진숙(1997). 유아의 사고능력 수준과 놀이계획, 수행, 평가의 일치 정도. 한국교원대학교대학원 석사학위 논문.
황해익·송연숙·정혜영(2008). 유아행동관찰법. 서울: 창지사.
황해익·송연숙·최혜진·정혜영·손원경(2010). 유아 포트폴리오 평가. 서울: 창지사.
Hills, T.(1992). Teaching potentials through appropriate assessment, In S. Bredekamp & T. rosegrant(eds.). *Teachings potentials : Appropriate Curriculum and assessment for young children*. Washington: National association for the education of young children.
Phinney, J. S.(1982). Observing children: Ideas for teachers. *Young children*, *37*, 16-24.

〈평가자료 제공〉
경기도 용인 공립 단설 동백유치원

저 · 자 · 소 · 개

김정례 | 경기도교육청 유아교육과 과장
최진숙 | 경기도 용인 공립단설 동백유치원 원장
이성희 | 경기도 용인 공립단설 동백유치원 교사

어린이교육의 기본 바로 알기 시리즈 ⑥

유아평가 자료를 활용한
학부모와 소통하기

초판 1쇄 발행 2015년 8월 19일
초판 2쇄 발행 2019년 4월 2일

지은이 | 김정례 최진숙 이성희
펴낸이 | 김기섭
편집인 | 이윤미
펴낸곳 | 창지사 www.changjisa.com
08589 서울시 금천구 가산디지털 1로 83 파트너스타워1차 9층
전화 (02) 719-2211~3
팩스 (02) 701-9386
등 록 | 1977년 4월 28일·제1-421호

ISBN 978-89-426-0831-7 (93370)

값 8,000원

「이 도서의 국립중앙도서관 출판예정도서목록(CIP)은 서지정보유통지원시스템 홈페이지(http://seoji.nl.go.kr)와 국가자료공동목록시스템(http://www.nl.go.kr/kolisnet)에서 이용하실 수 있습니다.(CIP제어번호: CIP2015022314)」